听故事　学成语

（简繁对照）

Learning Through Listening:
An Introduction to Chinese Proverbs
and Their Origins

（Simplified-traditional Character Edition）

Jing-heng Sheng Ma

马盛静恒　编著

北京语言大学出版社

（京）新登字 157 号

图书在版编目（CIP）数据

听故事·学成语/马盛静恒编著.
－北京：北京语言大学出版社，2004 重印
ISBN 7－5619－0971－3

Ⅰ．听…
Ⅱ．马…
Ⅲ．对外汉语教学－语言读物
Ⅳ．H195.5

中国版本图书馆 CIP 数据核字 （2001） 第 057001 号

书　　　　名	：听故事·学成语
责 任 印 制	：汪学发

出 版 发 行	：北京语言大学出版社
社　　　　址	：北京市海淀区学院路 15 号　邮政编码 100083
网　　　　址	：http：//www.blcup.com
发行部电话	：82303648　82303591
E－mail	：fxb@ blcu.edu.cn
印　　　　刷	：北京北林印刷厂
经　　　　销	：全国新华书店

版　　　　次	：2002 年 5 月第 1 版　2004 年 9 月第 2 次印刷
开　　　　本	：787 毫米×1092 毫米　1/16　印张：8.625
字　　　　数	：68 千字　印数：3001－6000 册
书　　　　号	：ISBN 7－5619－0971－3/H·01073
	2002 DW 0042
定　　　　价	：25.00 元

凡有印装质量问题本社负责调换，电话 82303590。

编写说明

《听故事 学成语》是为中、高级程度学习汉语的学生所编写的综合性教材。这套教材不但可以训练学生听、说、读、写汉语的能力,还可以增进他们对中国文化的了解。

本教材包括两部分:电脑软件及书面教材。前者是专为听力而设计的。学生听故事并配以图画帮助了解,没有任何文字。每一个故事听完以后有"是非题"的测验。不要求学生写字。书面教材是为阅读及写作而设计的。包括简体、繁体,汉语拼音对照课文,生词注释及思考写作练习。学完十五个成语后,备有总练习让学生再次复习及应用他们所学过的成语。书的最后是成语出处,可供学生作进一步的研究。

成语是中国文化的精髓。成语的来源很多,有的是历史故事,有的是民间传说,有的是出自诗、词,也有的是从古书中演变下来的。成语虽然有很长的历史,但是在日常生活里或是在文章里常会接触到。学习成语不但能使学生的词汇更为丰富,也会使他们说的话或写的文章更为生动、简洁、传神。本教材选择了十五个成语故事。这些成语都有历史的背景,比较有趣,有讽刺的性质,而且是常用的。希望能够透过这个教材,使学生在说话或写作的时候,能用丰富有趣的词汇,更进一步对成语发生兴趣,继续学习。

本教材为辅助教材,学生可在课外作听力及写作的练习。课堂可让学生口述学过的成语,或把学过的成语应用在他们的生活中,达到学以致用的目的。

FOREWORD

Learning Through Listening: *An Introduction to Chinese Proverbs and Their Origins* is integrated material for intermediate and advanced students of Chinese. It is designed to improve students' listening, reading, speaking, and writing skills. It also broadens their cultural understanding. The material for this project is derived from idiomatic expressions used in modern spoken Chinese called *chéngyǔ* 成语 or *yùyán* 寓言. Each *chéngyǔ* alludes to a particular source narrative preserved and savored by the Chinese as an encapsulation of unique and significant comment upon life and society. Fifteen source narratives have been selected and rewritten for presentation. The selection emphasizes fundamental cultural values of traditional Chinese society. The materials reflect the insights of China's best scholars and writers over the centuries.

Learning Through Listening: *An Introduction to Chinese Proverbs and Their Origins* consists of two components: software and text. The former is designed for listening comprehension. The stories are rewritten in colloquial Chinese and are narrated by a native Chinese speaker. The presentation is further enhanced by the multi-media environment of the computer platform. The stories are digitized for immediate playback by the user. Appropriate graphics are also incorporated to enhance the effectiveness of the presentation. Exercises are designed specifically for each story. For the purpose of oral comprehension, there is no written text for students to read, and writing of characters is not required. In the text portion, the original classical Chinese version is presented alongside the modern colloquial Chinese version. All Chinese text appears in both traditional and simplified forms and there is a *pīnyīn* version for all stories after the text. Each story has an annotated vocabulary list and appropriate exercises.

The materials are supplementary in nature and allow for a high degree of integration into any language curriculum. The material can be used to enhance listening and reading comprehension skills. In addition, they can also provide the user with important and fundamental cultural knowledge that can form the basis of other communicative activities, such as student-generated dialogues illustrating the use of these fables and classroom discussions about Chinese culture. Furthermore, since the original, classical Chinese versions of the texts are presented, the material can be used as an introduction to the study of classical Chinese.

The preparation of this project was generously funded by a special gift contributed by Mrs. Elizabeth Tu Hoffman and her husband Rowe Hoffman. I would like to express

3

my deepest appreciation for their support and encouragement. This project could not have succeeded without institutional support and the help of many people. I would like to thank Wellesley College for the wonderful technological resources provided. I am grateful to Kenneth B. Freundlich, Manager/Advisor of Technology Applications, for his excellent technical support and advice. Special thank goes to Annie Yang and Marlowe Shaeffer, students of Wellesley College, for their technological skills and many hours of designing, recording and editing of the computer software.

Special gratitude to Mr. Lin Shengyuan, for his wonderful illustrations in this project. I would like to thank Mr. Huang Wejia, of Harvard University, for his editing of the Chinese and *pinyin* in the manuscript. I am also grateful to Professor Irwin and Mrs. Helene Schulman, for their editing and invaluable suggestions.

目录/目録
CONTENTS

揠 苗 助 长

揠 苗 助 長

Yàmiáo-zhùzhǎng

Try to help the shoots grow by pulling them upward —
spoil things through impatience

"揠苗"是把秧苗拔起来的意思。"助长"是帮助秧苗长大的意思。这张画儿上的农夫在拔他田里的秧苗呢。

　　这个农夫的性子很急,没有耐心,他总觉得自己种的庄稼长得太慢,没有别人的快。他想,如果我把田里的秧苗都拔高一点,不就长得快了嘛?

　　他决定了以后,就在田里把秧苗一棵一棵地往上拔。他一直拔到天黑才拔完。回家以后他很得意地跟他妻子说:"我今天累死了,可是我做了一件很聪明的事。你明天去田里看看,我们的庄稼一定会比别人的长得高。因为我想办法帮助秧苗长高了。"

"揠苗"是把秧苗拔起來的意思。"助長"是幫助秧苗長大的意思。這張畫兒上的農夫在拔他田裡的秧苗呢。

這個農夫的性子很急,沒有耐心,他總覺得自己種的莊稼長得太慢,沒有別人的快。他想,如果我把田裡的秧苗都拔高一點,不就長得快了嘛?

他決定了以後,就在田裡把秧苗一棵一棵地往上拔。他一直拔到天黑才拔完。回家以後他很得意地跟他妻子說:"我今天累死了,可是我做了一件很聰明的事。你明天去田裡看看,我們的莊稼一定會比別人的長得高。因為我想辦法幫助秧苗長高了。"

第二天早上他妻子高高兴兴地跟他到田里去看。一看，啊呀！糟糕，田里的秧苗全都枯死了。

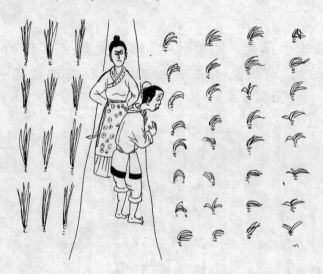

成语用法举例：

张明：老师说我们学中文得先把基础打好。"快"是没有什么好处的。

李亮：我同意老师的看法。<u>揠苗助长</u>的办法是不行的。我们一定得一步一步地去学习。

第二天早上他妻子高高興興地跟他到田裡去看。一看,啊呀!糟糕,田裡的秧苗全都枯死了。

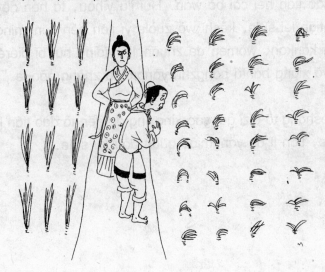

成語用法舉例:

張明:老師說我們學中文得先把基礎打好。"快"是沒有甚麼好處的。

李亮:我同意老師的看法。<u>揠苗助長</u>的辦法是不行的。我們一定得一步一步地去學習。

Yàmiáo-zhùzhǎng

"Yà miáo" shì bǎ yāngmiáo bá qǐlai de yìsi. "Zhùzhǎng" shì bāngzhù yāngmiáo zhǎng dà de yìsi. Zhè zhāng huàr shang de nóngfū zài bá tā tián lǐ de yāngmiáo ne.

Zhè ge nóngfū de xìngzi hěn jí, méiyǒu nàixīn, tā zǒng juéde zìjǐ zhòng de zhuāngjia zhǎng de tài màn, méiyǒu biérén de kuài. Tā xiǎng, rúguǒ wǒ bǎ tián lǐ de yāngmiáo dōu bá gāo yìdiǎnr, bú jiù zhǎng de kuài le ma?

Tā juédìng le yǐhòu, jiù zài tián lǐ bǎ yāngmiáo yì kē yì kē de wǎng shàng bá. Tā yìzhí bá dào tiān hēi cái bá wán. Huí jiā yǐhòu, tā hěn déyì de gēn tā qīzi shuō: "Wǒ jīntiān lèi sǐ le, kěshì wǒ zuòle yí jiàn hěn cōngming de shì. Nǐ míngtiān qù tián lǐ kànkan, wǒmen de zhuāngjia yídìng huì bǐ biérén de zhǎng de gāo. Yīnwèi wǒ xiǎng bànfǎ bāngzhù yāngmiáo zhǎng gāo le."

Dì-èr tiān zǎoshang tā qīzi gāogāo-xìngxìng de gēn tā dào tián lǐ qù kàn. Yí kàn, āyā! Zāogāo, tián lǐ de yāngmiáo quán dōu kū sǐ le.

1. 揠	揠	yà	pull shoots upward
2. 苗	苗	miáo	sprouts, shoots of crops
秧苗	秧苗	yāngmiáo	rice shoot, rice seedling
3. 助长	助長	zhùzhǎng	help something to grow
4. 性子	性子	xìngzi	temper
5. 耐心	耐心	nàixīn	patient
6. 庄稼	莊稼	zhuāngjia	crops
7. 棵	棵	kē	*measure word for trees or plants*
8. 拔	拔	bá	pull out, pull up
9. 得意	得意	déyì	proud of oneself, pleased with oneself
10. 糟糕	糟糕	zāogāo	how terrible
11. 枯死	枯死	kū sǐ	(of a plant, etc.) withered

（一）填空：

填空：

(1) "助长"是_____的意思。

"助長"是_____的意思。

(2) 那个农夫在田里____秧苗一直拔到天黑____回家。

那個農夫在田裡____秧苗一直拔到天黑____回家。

(3) 那个农夫很得意____跟他妻子说：我们的庄稼一定____别人的长____高。

那個農夫很得意____跟他妻子說：我們的莊稼一定____別人的長____高。

(4) 那个农夫的妻子看见田里的秧苗都_____。

那個農夫的妻子看見田裡的秧苗都_____。

(5) 那个农夫是一个很没有_____的人。

那個農夫是一個很沒有_____的人。

（二）请把揠苗助长这个故事翻译成你们国家的语言：

请把揠苗助長這個故事翻譯成你們國家的語言：

8

掩耳盗铃

掩耳盗鈴

Yǎn'ěr-dàolíng

Plug one's ears while stealing a bell —
deceive oneself

"掩耳"是把耳朵捂起来的意思,"盗铃"是偷铃的意思。古时候的钟和铃都是乐器,只是大小不一样,所以"掩耳盗钟"就演变成"掩耳盗铃"了。这个人偷钟的时候,为什么把他的耳朵捂起来了呢?

这个人到一个姓范的家里去偷东西。范家已经搬家了,东西都搬走了,没有什么东西可以偷了,只有一个大钟还留在院子里。这个人想,这个钟也许可以卖点儿钱,就试试搬那个大钟,可是太重了,怎么搬也搬不动。

他想,也许我把那个大钟敲碎,就可以一块一块地搬回去了。于是他就去找了一把铁锤来敲那个大钟。他轻轻地敲了一下,那个大钟就响了起来,很久不能停止。糟糕,这如果被邻居听见了怎么办?他就赶快把自己的耳朵捂起来。

"掩耳"是把耳朵摀起來的意思,"盜鈴"是偷鈴的意思。古時候的鐘和鈴都是樂器,只是大小不一樣,所以"掩耳盜鐘"就演變成"掩耳盜鈴"了。這個人偷鐘的時候,為甚麼把他的耳朵摀起來了呢?

這個人到一個姓範的家裡去偷東西。範家已經搬家了,東西都搬走了,沒有甚麼東西可以偷了,只有一個大鐘還留在院子裡。這個人想,這個鐘也許可以賣點兒錢,就試試搬那個大鐘,可是太重了,怎麼搬也搬不動。

他想,也許我把那個大鐘敲碎,就可以一塊一塊地搬回去了。於是他就去找了一把鐵錘來敲那個大鐘。他輕輕地敲了一下,那個大鐘就響了起來,很久不能停止。糟糕,這如果被鄰居聽見了怎麼辦?他就趕快把自己的耳朵摀起來。

　　他以为他自己听不到钟的声音,别人就也一定听不见了。你想,他这样做聪明吗? 他骗了自己,也能骗别人吗?

成语用法举例:
　　你做了这件坏事,就承认吧。别人都已经看见你做了,掩耳盗铃又有什么用呢?

　　他以為他自己聽不到鐘的聲音,別人就也一定聽不見了。你想,他這樣做聰明嗎? 他騙了自己,也能騙別人嗎?

成語用法舉例:
　　你做了這件壞事,就承認吧。別人都已經看見你做了,掩耳盜鈴又有什麼用呢?

Yǎn'ěr-dàolíng

"Yǎn ěr" shì bǎ ěrduo wǔ qǐlai de yìsi, "dào líng" shì tōu líng de yìsi. Gǔshíhou de zhōng hé líng dōu shì yuèqì, zhǐshì dàxiǎo bù yíyàng, suǒyǐ "yǎn'ěr-dàozhōng" jiù yǎnbiàn chéng "yǎn'ěr-dàolíng" le. Zhè ge rén tōu zhōng de shíhou, wèi shénme bǎ tā de ěrduo wǔ qǐlai le ne?

Zhè ge rén dào yí ge xìng Fàn de jiā lǐ qù tōu dōngxi. Fànjiā yǐjīng bān jiā le, dōngxi dōu bān zǒu le, méiyǒu shénme dōngxi kěyǐ tōu le, zhǐ yǒu yí ge dà zhōng hái liú zài yuànzi lǐ. Zhè ge rén xiǎng, zhè ge zhōng yěxǔ kěyǐ mài diǎnr qián, jiù shìshi bān nà ge dà zhōng, kěshì tài zhòng le, zěnme bān yě bān bu dòng.

Tā xiǎng, yěxǔ wǒ bǎ nà ge dà zhōng qiāo suì, jiù kěyǐ yí kuài yí kuài de bān huíqu le. Yúshì tā jiù qù zhǎole yì bǎ tiěchuí lái qiāo nà ge dà zhōng. Tā qīngqīng de qiāole yí xià, nà ge dà zhōng jiù xiǎngle qǐlai, hěn jiǔ bù néng tíngzhǐ. Zāogāo, zhè rúguǒ bèi línjū tīngjiànle zěnmebàn? Tā jiù gǎnkuài bǎ zìjǐ de ěrduo wǔ qǐlai.

Tā yǐwéi tā zìjǐ tīng bu dào zhōng de shēngyīn, biérén jiù yě yídìng tīng bu jiàn le. Nǐ xiǎng, tā zhèyàng zuò cōngming ma? Tā piànle zìjǐ, yě néng piàn biérén ma?

1. 掩	掩	yǎn	cover, hide
2. 耳	耳	ěr	ear
耳朵	耳朵	ěrduo	ear
3. 盗	盗	dào	steal, rob, thief, robber
4. 偷	偷	tōu	steal
5. 演变	演變	yǎnbiàn	develop, evolve
6. 怎么……也	怎麼……也	zěnme…yě	no matter how…yet
7. 铁锤	鐵錘	tiěchuí	(iron) hammer
8. 敲	敲	qiāo	knock, beat, strike
9. 碎	碎	suì	break to pieces
10. 停止	停止	tíngzhǐ	stop
11. 邻居	鄰居	línjū	neighbor
12. 捂	搗	wǔ	cover (with hands)
13. 骗	騙	piàn	deceive, fool, cheat

（一）填空：

填空：

(1) "掩耳"是_____耳朵捂_____的意思。

"掩耳"是_____耳朵搗_____的意思。

(2) 古时候钟和铃都是_____，所以后来"掩耳盗钟"就_____成"掩耳盗铃"了。

古時候鐘和鈴都是_____，所以後來"掩耳盜鐘"就_____成"掩耳盜鈴"了。

(3) 那个钟太_____，他_____搬也_____。

那個鐘太_____，他_____搬也_____。

(4) 那个人想_____钟敲碎,然后一块_____地搬_____。

那個人想_____鐘敲碎,然後一塊_____地搬_____。

(5) 那个人怕别人听见_____的声音,所以就_____耳朵_____起来了。

那個人怕別人聽見_____的聲音,所以就_____耳朵_____起來了。

（二）这个成语故事听起来好像那个人很笨,可是世界上有很多人会做"掩耳盗铃"的事,你能说一个类似的故事吗?

這個成語故事聽起來好像那個人很笨,可是世界上有很多人會做"掩耳盜鈴"的事,你能說一個類似的故事嗎?

亡 羊 补 牢

亡 羊 補 牢

Wángyáng-bǔláo

Repair the pen after a sheep is lost —
fix the barndoor after the horses have run away

"亡羊"是羊丢了，"补牢"是修理羊圈。这个人的羊丢了以后，是不是应该去修理羊圈呢？

很久很久以前，在一个乡村里，住着一个牧羊人，他的名字叫张三。张三家里养了十几只羊。每天早上他都去牧羊。一天早上，他去牧羊的时候，发现羊少了一只。羊怎么会丢了一只呢？

仔细一看，是他的羊圈破了一个洞。他知道昨天夜里一定是有狼从这个洞进来，把羊吃了一只。他非常难过。

他的邻居知道了，就跟他说："羊被狼吃了，真可惜。你快把羊圈修一修吧！免得狼再来吃你的羊。"张三说："羊已经被狼吃了，现在修理羊圈还有什么用呢？太晚了。"他没有接受邻居的建议。

"亡羊"是羊丢了,"補牢"是修理羊圈。這個人的羊丢了以後,是不是應該去修理羊圈呢?

很久很久以前,在一個鄉村裡,住著一個牧羊人,他的名字叫張三。張三家裡養了十幾隻羊。每天早上他都去牧羊。一天早上,他去牧羊的時候,發現羊少了一隻。羊怎麼會丟了一隻呢?

仔細一看,是他的羊圈破了一個洞。他知道昨天夜裡一定是有狼從這個洞進來,把羊吃了一隻。他非常難過。

他的鄰居知道了,就跟他說:"羊被狼吃了,真可惜。你快把羊圈修一修吧!免得狼再來吃你的羊。"張三說:"羊已經被狼吃了,現在修理羊圈還有甚麼用呢? 太晚了。"他沒有接受鄰居的建議。

第二天早上，张三去牧羊的时候，发现他的羊又少了一只。原来昨天晚上狼又从这个洞进来了。他真后悔没有听邻居的话，又损失了一只羊。他就马上去修理羊圈。

羊圈修好了以后，他的羊就没有再被狼吃过。

后来，就用"亡羊补牢"这个成语劝告人，如果做事出了差错，马上想法子去补救，还来得及，不太晚。

成语用法举例：

这次考试虽然没考好，加紧努力，下次就会考得好一点儿。亡羊补牢，还不太晚。

第二天早上，張三去牧羊的時候，發現他的羊又少了一隻。原來昨天晚上狼又從這個洞進來了。他真後悔沒有聽鄰居的話，又損失了一隻羊。他就馬上去修理羊圈。

羊圈修好了以後，他的羊就沒有再被狼吃過。

後來，就用"亡羊補牢"這個成語勸告人，如果做事出了差錯，馬上想法子去補救，還來得及，不太晚。

成語用法舉例：

這次考試雖然沒考好，加緊努力，下次就會考得好一點兒。亡羊補牢，還不太晚。

21

Wángyáng-bǔláo

"Wáng yáng" shì yáng diū le, "bǔ láo" shì xiūlǐ yángjuàn. Zhè ge rén de yáng diūle yǐhòu, shì bu shì yīnggāi qù xiūlǐ yángjuàn ne?

Hěn jiǔ hěn jiǔ yǐqián, zài yí ge xiāngcūn lǐ, zhùzhe yí ge mùyángrén, tā de míngzi jiào Zhāng Sān. Zhāng Sān jiā lǐ yǎngle shíjǐ zhī yáng. Měi tiān zǎoshang tā dōu qù mùyáng. Yì tiān zǎoshang, tā qù mùyáng de shíhou, fāxiàn yáng shǎole yì zhī. Yáng zěnme huì diūle yì zhī ne?

Zǐxì yí kàn, shì tā de yángjuàn pòle yí ge dòng. Tā zhīdào zuótiān yèlǐ yídìng shì yǒu láng cóng zhè ge dòng jìnlai, bǎ yáng chīle yì zhī. Tā fēicháng nánguò.

Tā de línjū zhīdàole jiù gēn tā shuō: "Yáng bèi láng chī le, zhēn kěxī. Nǐ kuài bǎ yángjuàn xiū yì xiū ba! Miǎndé láng zài lái chī nǐ de yáng." Zhāng Sān shuō: "Yáng yǐjīng bèi láng chī le, xiànzài xiūlǐ yángjuàn hái yǒu shénme yòng ne? Tài wǎn le." Tā méiyǒu jiēshòu línjū de jiànyì.

Dì-èr tiān zǎoshang, Zhāng Sān qù mùyáng de shíhou, fāxiàn tā de yáng yòu shǎole yì zhī. Yuánlái zuótiān wǎnshang láng yòu cóng zhè ge dòng jìnlai le. Tā zhēn hòuhuǐ méiyǒu tīng línjū de huà, yòu sǔnshī le yì zhī yáng. Tā jiù mǎshàng qù xiūlǐ yángjuàn.

Yángjuàn xiūlǐ hǎo le yǐhòu, tā de yáng jiù méiyǒu zài bèi láng chīguo.

Hòulái jiù yòng "wángyáng-bǔláo" zhè ge chéngyǔ quàngào rén, rúguǒ zuò shì chūle chācuò, mǎshàng xiǎng fázi qù bǔjiù, hái láidejí, bú tài wǎn.

1. 亡	亡	wáng	flee, run away, lose
2. 补	補	bǔ	mend, patch, repair, make up for
3. 牢	牢	láo	an enclosure for animal, pen, fold
4. 羊圈	羊圈	yángjuàn	sheepfold, sheep pen
5. 牧羊人	牧羊人	mùyángrén	shepherd
6. 发现	發現	fāxiàn	discover
7. 狼	狼	láng	wolf
8. 修	修	xiū	embellish, repair, mend
修理	修理	xiūlǐ	repair, mend, overhaul, fix
9. 免得	免得	miǎndé	so as not to, so as to avoid
10. 被	被	bèi	*used in a sentence to introduce either the doer of the action or the action if the doer is not mentioned*
11. 接受	接受	jiēshòu	accept
12. 建议	建議	jiànyì	suggest, recommend, recommendation
13. 原来	原來	yuánlái	it turns out, originally, formerly
14. 后悔	後悔	hòuhuǐ	regret, repent
15. 损失	損失	sǔnshī	lose, loss
16. 劝告	勸告	quàngào	advise, urge, exhort
17. 差错	差錯	chācuò	mistake, error, mishap, accident
18. 补救	補救	bǔjiù	remedy
19. 来得及	來得及	láidejí	there's still time, be able to do something

(一)请回答下面的问题：

請回答下面的問題：

    (1) 张三的羊为什么少了一只？

       張三的羊為甚麼少了一只？

    (2) 狼怎么能进到羊圈去的？

       狼怎麼能進到羊圈去的？

    (3) 邻居劝张三什么？张三说什么？

       鄰居勸張三甚麼？張三說甚麼？

    (4) 你有没有听说过"贼走关门"这句话？想想这句话是什么意思。

       你有没有聽說過"賊走關門"這句話？想想這句話是甚麼意思。

(二)造句：

    造句：

    (1) 发现：

       發現：

    (2) 免得：

       免得：

    (3) 接受：

       接受：

    (4) 后悔：

       後悔：

    (5) 损失：

       損失：

守 株 待 兔

守 株 待 兔

Shǒuzhū-dàitù

Wait by a stump and wait for rabbits to come —
waiting for money to fall from the sky

"守株"是守在一棵树的旁边,"待兔"是等兔子来的意思。

两千多年前的一天,宋国的一个农夫在田里除草的时候,看见一只兔子飞快地跑过来,撞到一棵大树上。

农夫看见了,就跑过去看看。一看,那只可怜的小兔子已经死了。他就把那只兔子捡起来,拿到市场去卖。

农夫很快就把兔子卖出去了。回家的路上,他拿着一袋钱,一边走一边想:在田里工作那么辛苦,在树旁边等着捡兔子,什么事也不必做,多么舒服啊!如果我一天能捡一只兔子,卖的钱比我种田挣的钱多多了。

"守株"是守在一棵樹的旁邊，"待兔"是等兔子來的意思。

兩千多年前的一天，宋國的一個農夫在田裡除草的時候，看見一隻兔子飛快地跑過來，撞到一棵大樹上。

農夫看見了，就跑過去看看。一看，那隻可憐的小兔子已經死了。他就把那隻兔子撿起來，拿到市場去賣。

農夫很快就把兔子賣出去了。回家的路上，他拿着一袋錢，一邊走一邊想：在田裡工作那麼辛苦，在樹旁邊等着撿兔子，甚麼事也不必做，多麼舒服啊！如果我一天能撿一隻兔子，賣的錢比我種田挣的錢多多了。

于是他决定不再除草了,天天坐在那棵大树旁边等兔子。第一天兔子没有来,他想第二天兔子一定会来,就这样,他一天、一天地等下去,可是再没有看见一只兔子来。他田里的庄稼因为没有人照顾,都死了。这个农夫的生活更苦了。

现在我们用"守株待兔"来比喻一个人只靠着过去有限的经验而不知变通,或是比喻一个人妄想不努力就可以得到成果。

成语用法举例:
好工作要靠自己去找。坐在家里,守株待兔,是不会有好工作的。

於是他決定不再除草了,天天坐在那棵大樹旁邊等兔子。第一天兔子沒有來,他想第二天兔子一定會來,就這樣,他一天、一天地等下去,可是再沒有看見一隻兔子來。他田裡的莊稼因為沒有人照顧,都死了。這個農夫的生活更苦了。

現在我們用"守株待兔"來比喻一個人只靠著過去有限的經驗而不知變通,或是比喻一個人妄想不努力就可以得到成果。

成語用法舉例:
好工作要靠自己去找。坐在家裡,守株待兔,是不會有好工作的。

Shǒuzhū-dàitù

"Shǒu zhū" shì shǒu zài yì kē shù de pángbiān, "dài tù" shì děng tùzi lái de yìsi.

Liǎngqiān duó nián qián de yì tiān, Sòngguó de yí ge nóngfū zài tián lǐ chú cǎo de shíhou, kànjiàn yì zhī tùzi fēikuài de pǎo guòlai, zhuàng dào yì kē dà shù shang.

Nóngfū kànjiàn le, jiù pǎo guòqu kànkan. Yí kàn, nà zhī kělián de xiǎo tùzi yǐjīng sǐ le. Tā jiù bǎ nà zhī tùzi jiǎn qǐlai, ná dào shìchǎng qù mài.

Nóngfū hěn kuài jiù bǎ tùzi mài chūqu le. Huílái de lù shang, tā názhe yí dài qián, yìbiān zǒu yìbiān xiǎng: zài tián lǐ gōngzuò nàme xīnkǔ, zài shù pángbiān děngzhe jiǎn tùzi, shénme shì yě búbì zuò, duōme shūfu a! Rúguǒ wǒ yì tiān néng jiǎn yì zhī tùzi, mài de qián bǐ wǒ zhòng tián zhèng de qián duō duō le.

Yúshì tā juédìng bú zài chú cǎo le, tiāntiān zuò zài nà kē dà shù pángbiān děng tùzi. Dì-yī tiān tùzi méiyǒu lái, tā xiǎng dì-èr tiān tùzi yídìng huì lái, jiù zhèyàng, tā yì tiān、yì tiān de děng xiàqu, kěshì zài méiyǒu kànjiàn yì zhī tùzi lái. Tā tián lǐ de zhuāngjia yīnwèi méiyǒu rén zhàogù, dōu sǐ le. Zhè ge nóngfū de shēnghuó gèng kǔ le.

Xiànzài wǒmen yòng "shǒuzhū-dàitù" lái bǐyù yí ge rén zhǐ kàozhe guòqù yǒuxiàn de jīngyàn ér bù zhī biàntōng, huòshì bǐyù yí ge rén wàngxiǎng bù nǔlì jiù kěyǐ dédào chéngguǒ.

1. 守	守	shǒu	keep watch, guard, defend
2. 株	株	zhū	trunk of a tree
3. 待	待	dài	wait for, await
4. 兔(子)	兔(子)	tù(zi)	hare, rabbit
5. 宋国	宋國	Sòngguó	a state during the Spring and Autumn period, located in Henan province
6. 除草	除草	chú cǎo	remove weeds, weed
7. 撞	撞	zhuàng	bump against, run into, meet by chance
8. 捡起来	撿起來	jiǎn qǐlai	pick up
9. 市场	市場	shìchǎng	marketplace, market
10. 辛苦	辛苦	xīnkǔ	hard, laborious
11. 舒服	舒服	shūfu	comfortable, be well
12. 如果	如果	rúguǒ	if, in case, in the event of
13. 于是	於是	yúshì	thereupon
14. 照顾	照顧	zhàogù	look after, care for, attend to
15. 比喻	比喻	bǐyù	metaphor, analogy, figure of speech
16. 有限	有限	yǒuxiàn	limited
17. 变通	變通	biàntōng	be flexible, accommodate something to circumstances
18. 妄想	妄想	wàngxiǎng	vainly hope to do sth.
19. 成果	成果	chéngguǒ	achievement, fruit

（一）填空：

填空：

(1)"守株待兔"的意思是＿＿＿＿＿＿＿＿＿＿＿＿＿＿＿＿。

"守株待兔"的意思是＿＿＿＿＿＿＿＿＿＿＿＿＿＿＿＿。

(2) 一个农夫＿＿＿＿＿田里除草的＿＿＿＿＿，看见一只兔子飞快＿＿＿＿＿跑过来。

一個農夫＿＿＿＿＿田裡除草的＿＿＿＿＿，看見一隻兔子飛快＿＿＿＿＿跑過來。

(3) 那个农夫＿＿＿＿＿兔子卖了，拿＿＿＿＿＿一袋钱回家了。

那個農夫＿＿＿＿＿兔子賣了，拿＿＿＿＿＿一袋錢回家了。

(4) 那个农夫想：在田里种田比坐在树旁等兔子＿＿＿＿＿＿。

那個農夫想：在田裡種田比坐在樹旁等兔子＿＿＿＿＿＿。

(5) 那个农夫一天一天地＿＿＿＿＿，但是兔子＿＿＿＿＿＿。

那個農夫一天一天地＿＿＿＿＿，但是兔子＿＿＿＿＿＿。

（二）你的国家也有类似这样的故事吗？请你写一个小故事：

你的國家也有類似這樣的故事嗎？請你寫一個小故事：

朝三暮四

朝三暮四

Zhāosān-mùsì

Three in the morning and four in the evening —
befool others with tricks

"朝"是早上的意思，"暮"是晚上的意思。早上"三个"晚上"四个"，是什么意思呢？

　　据说在<u>战国</u>的时候，有一个很喜欢猴子的老人，他养了一大群猴子。因为他天天跟猴子接触，所以他能了解猴子的性情，猴子也懂老人的话。

　　猴子每天都得吃很多粮食，日子久了，老人养不起这些猴子了。他得减少猴子的粮食，可是又怕猴子不高兴。他想来想去，想出来了一个好办法。

　　一天，他对猴子说："我很喜欢你们，可是你们吃得太多，我年纪也大了，没有办法赚钱，所以从明天起，我得减少你们的粮食了。每天早上只能给你们三个栗子，晚上给你们四个栗子。"

　　猴子一听老人要给他们减少粮食，就很不高兴，乱跳起来。

"朝"是早上的意思,"暮"是晚上的意思。早上"三個"晚上"四個",是甚麼意思呢?

　　據説在戰國的時候,有一個很喜歡猴子的老人,他養了一大群猴子。因為他天天跟猴子接觸,所以他能了解猴子的性情,猴子也懂老人的話。

　　猴子每天都得吃很多糧食,日子久了,老人養不起這些猴子了。他得減少猴子的糧食,可是又怕猴子不高興。他想來想去,想出來了一個好辦法。

　　一天,他對猴子説:"我很喜歡你們,可是你們吃得太多,我年紀也大了,没有辦法賺錢,所以從明天起,我得減少你們的糧食了。每天早上只能給你們三個栗子,晚上給你們四個栗子。"

　　猴子一聽老人要給他們減少糧食,就很不高興,亂跳起來。

老人赶快说："好了，好了，这样吧，我早上给你四个栗子，晚上给你们三个，这样可以了吧?"猴子一听，早上给他们加了一个栗子，就都很高兴地跳了起来。

现在我们就用"朝三暮四"形容一个常常改变主意、不可让人相信的人，或是欺骗人的人。

成语用法举例:
小张今天让我这样做，明天让我那样做，跟这种朝三暮四的人一起工作真是太难了。

老人趕快說:"好了,好了,這樣吧,我早上給你四個栗子,晚上給你們三個,這樣可以了吧?"猴子一聽,早上給他們加了一個栗子,就都很高興地跳了起來。

現在我們就用"朝三暮四"形容一個常常改變主意、不可讓人相信的人,或是欺騙人的人。

成語用法舉例:
　　小張今天讓我這樣做,明天讓我那樣做,跟這種朝三暮四的人一起工作真是太難了。

Zhāosān-mùsì

"Zhāo" shì zǎoshang de yìsi, "mù" shì wǎnshang de yìsi. Zǎoshang "sān ge" wǎnshang "sì ge", shì shénme yìsi ne?

Jùshuō zài Zhànguó de shíhou, yǒu yí ge hěn xǐhuan hóuzi de lǎorén, tā yǎngle yí dà qún hóuzi. Yīnwèi tā tiāntiān gēn hóuzi jiēchù, suǒyǐ tā néng liǎojiě hóuzi de xìngqíng, hóuzi yě dǒng lǎorén de huà.

Hóuzi měi tiān dōu děi chī hěn duō liángshi, rìzi jiǔ le, lǎorén yǎng bu qǐ zhèxiē hōuzi le. Tā děi jiǎnshǎo hóuzi de liángshi, kěshì yòu pà hóuzi bù gāoxìng. Tā xiǎnglái-xiǎngqù, xiǎng chūlai le yí ge hǎo bànfǎ.

Yì tiān, tā duì hóuzi shuō:"Wǒ hěn xǐhuan nǐmen, kěshì nǐmen chī de tài duō, wǒ niánjì yě dà le, méiyǒu bànfǎ zhuàn qián, suǒyǐ cóng míngtiān qǐ, wǒ děi jiǎnshǎo nǐmen de liángshi le. Měi tiān zǎoshang zhǐ néng gěi nǐmen sān ge lìzi, wǎnshang gěi nǐmen sì ge lìzi."

Hóuzi yì tīng lǎorén yào gěi tāmen jiǎnshǎo liángshi, jiù hěn bù gāoxìng, luàn tiào qǐlai.

Lǎorén gǎnkuài shuō:"Hǎo le, hǎo le, zhèyàng ba, wǒ zǎoshang gěi nǐmen sì ge lìzi, wǎnshang gěi nǐmen sān ge, zhèyàng kěyǐ le ba?" Hóuzi yì tīng, zǎoshang gěi tāmen jiāle yí ge lìzi, jiù dōu hěn gāoxìng de tiào le qǐlai.

Xiànzài wǒmen jiù yòng "zhāosān-mùsì" xíngróng yí ge chángcháng gǎibiàn zhúyì、bùkě ràng rén xiāngxìn de rén, huòshì qīpiàn rén de rén.

1. 朝	朝	zhāo	early morning
2. 暮	暮	mù	dusk, evening sunset
3. 猴子	猴子	hóuzi	monkey
4. 群	群	qún	group, herd, flock
5. 接触	接觸	jiēchù	come into contact with, contact
6. 了解	了解	liǎojiě	understand, comprehend
7. 性情	性情	xìngqíng	disposition, temperament, temper
8. 粮食	糧食	liángshi	food, grain
9. 养不起	養不起	yǎng bu qǐ	cannot afford to raise
10. 减少	減少	jiǎnshǎo	reduce, decrease
11. 赚钱	賺錢	zhuàn qián	earn (or make) money
12. 栗子	栗子	lìzi	chestnut
13. 乱跳	亂跳	luàn tiào	jump and run all over the place
14. 形容	形容	xíngróng	describe
15. 不可	不可	bùkě	cannot, should not, must not
16. 相信	相信	xiāngxìn	believe in, be convinced of
17. 欺骗	欺騙	qīpiàn	deceive, cheat

一練习/練習一

(一)请回答下面的问题：

請回答下面的問題：

(1) 那个老人怎么能知道猴子的性情？

那個老人怎麼能知道猴子的性情？

(2) 老人为什么要减少猴子的粮食？

老人為什麼要減少猴子的糧食？

(3) 猴子什么时候才高兴地跳了起来？

猴子甚麼時候才高興地跳了起來？

(二)造句：

造句：

(1) 赚钱：

賺錢：

(2) 形容：

形容：

(3) 不可：

不可：

(4) 相信：

相信：

(5) 欺骗：

欺騙：

40

6

对 牛 弹 琴

對 牛 彈 琴

Duìniú-tánqín

Play the lute to a cow —
to have the wrong audience

"对牛弹琴"这个成语用得很多。你想,一个人弹琴给牛听,会有什么结果呢?

从前有个很有名的音乐家叫<u>公明仪</u>。有一天他对着一头正在吃草的牛,弹了一首优美的曲子,那头牛好像没听见的样子,仍然继续低着头吃草。

<u>公明仪</u>想,大概是他弹得不好,所以牛听了没有反应。后来他又想,牛没有反应,可能不是因为他的曲子弹得不好,也许是因为那头牛根本听不懂他弹的这首曲子。于是,他就弹了一首像蚊子叫的曲子。那头牛一听见这首像牛蝇飞来飞去的曲子,就立刻停止吃草,摇着尾巴,好像要赶走牛蝇一样。

以后,大家就用"对牛弹琴"这个成语比喻对愚蠢的人说深奥的道理,或是用来形容说话的人不了解听众的背景。

成语用法举例:

我跟他说了半天,他还是不懂,简直是<u>对牛弹琴</u>。

"對牛彈琴"這個成語用得很多。你想,一個人彈琴給牛聽,會有甚麼結果呢?

　　從前有個很有名的音樂家叫公明儀。有一天他對著一頭正在吃草的牛,彈了一首優美的曲子,那頭牛好像沒聽見的樣子,仍然繼續低著頭吃草。

　　公明儀想,大概是他彈得不好,所以牛聽了沒有反應。后來他又想,牛沒有反應,可能不是因為他的曲子彈得不好,也許是因為那頭牛根本聽不懂他彈的這首曲子。於是,他就彈了一首像蚊子叫的曲子。那頭牛一聽見這首像牛蠅飛來飛去的曲子,就立刻停止吃草,搖著尾巴,好像要趕走牛蠅一樣。

　　以後,大家就用"對牛彈琴"這個成語比喻對愚蠢的人說深奧的道理,或是用來形容說話的人不了解聽眾的背景。

成語用法舉例:
　　我跟他說了半天,他還是不懂,簡直是對牛彈琴。

Duìniú-tánqín

"Duìniú-tánqín" zhè ge chéngyǔ yòng de hěn duō. Nǐ xiǎng, yí ge rén tán qín gěi niú tīng, huì yǒu shénme jiéguǒ ne?

Cóngqián, yǒu ge hěn yǒumíng de yīnyuèjiā jiào Gōng Míngyí. Yǒu yì tiān tā duìzhe yì tóu zhèngzài chī cǎo de niú, tánle yì shǒu yōuměi de qǔzi, nà tóu niú hǎoxiàng méi tīngjiàn de yàngzi, réngrán jìxù dīzhe tóu chī cǎo.

Gōng Míngyí xiǎng, dàgài shì tā tán de bù hǎo, suǒyǐ niú tīngle méiyǒu fǎnyìng. Hòulái tā yòu xiǎng, niú méiyǒu fǎnyìng, kěnéng bú shì yīnwèi tā de qǔzi tán de bù hǎo, yěxǔ shì yīnwèi nà tóu niú gēnběn tīng bu dǒng tā dán de zhè shǒu qǔzi. Yúshì, tā jiù tánle yì shǒu xiàng wénzi jiào de qǔzi. Nà tóu niú yì tīngjiàn zhè shǒu xiàng niúyíng fēilái-fēiqù de qǔzi, jiù lìkè tíngzhǐ chī cǎo, yáozhe wěiba, hǎoxiàng yào gǎn zǒu niúyíng yíyàng.

Yǐhòu, dàjiā jiù yòng "duìniú-tánqín" zhè ge chéngyǔ bǐyù duì yúchǔn de rén shuō shēn'ào de dàolǐ, huòshì yònglái xíngróng shuōhuà de rén bù liǎojiě tīngzhòng de bèijǐng.

44

1. 弹	彈	tán	play（a musical instrument）
2. 琴	琴	qín	a general name for certain musical instruments
3. 音乐家	音樂家	yīnyuèjiā	musician
4. 公明仪	公明儀	Gōng Míngyí	*a person's name*
5. 优美	優美	yōuměi	graceful, fine
6. 曲子	曲子	qǔzi	song, melody
7. 仍然	仍然	réngrán	still, yet
8. 以为	以為	yǐwéi	think, believe
9. 反应	反應	fǎnyìng	reaction, response
10. 也许	也許	yěxǔ	perhaps, maybe
11. 蚊子	蚊子	wénzi	mosquito
12. 牛蝇	牛蠅	niúyíng	gadfly
13. 立刻	立刻	lìkè	immediately, at once
14. 停止	停止	tíngzhǐ	stop, cease, suspend
15. 摇	摇	yáo	sway, swing
16. 尾巴	尾巴	wěiba	tail
17. 赶走	趕走	gǎn zǒu	drive away
18. 好像	好像	hǎoxiàng	seem, be like

（一）填空：

填空：

(1) <u>公明仪</u>是一位很有名的_____。

<u>公明儀</u>是一位很有名的_____。

(2) 真没想到<u>公明仪</u>_____给_____听。不知道是他_____还是牛

_____。

真没想到<u>公明儀</u>_____给_____聽。不知道是他_____還是牛

_____。

(3) 牛听了<u>公明仪</u>的第一首曲子，仍然_____头吃草，没有_____。

牛聽了<u>公明儀</u>的第一首曲子，仍然_____頭吃草，没有_____。

(4) 当牛听到像牛蝇_____的曲子，就立刻_____吃草了。

當牛聽到像牛蝇_____的曲子，就立刻_____吃草了。

（二）"对牛弹琴"这个故事是要说明什么？你遇到过这样的人吗？

"對牛彈琴"這個故事是要說明甚麽？你遇到過這樣的人嗎？

7

杞人忧天

杞人忧天

Qǐrén-yōutiān

The man of Qi fears that the sky might fall —
entertain imaginary or groundless fears

"杞人"是杞国的一个人，"忧天"是担心天会掉下来。"杞人忧天"这个成语的来源是这样的：

　　两千多年前，杞国有一个人，胆子很小，什么都怕。他常常为一些不可能的事情烦恼自己。有一天，他看着天空，忽然担心起来。他想：如果有一天，"天"掉下来了，怎么办呢？我们不是都要被压死了吗？

　　他一看见人就说："你们要小心啊，如果天掉下来了，我们躲到哪儿去啊？我们一定死定了，怎么办呢？"

　　他的朋友看他那么烦恼的样子，就劝他说："放心吧，天不会掉下来的。大家都活得好好的。再说，就是天掉下来了，你一个人着急也没有用啊！你着急可以解决问题吗？"

"杞人"是杞國的一個人,"憂天"是擔心天會掉下來。"杞人憂天"這個成語的來源是這樣的:

　　兩千多年前,杞國有一個人,膽子很小,甚麼都怕。他常常為一些不可能的事情煩惱自己。有一天,他看着天空,忽然擔心起來。他想:如果有一天,"天"掉下來了,怎麼辦呢?我們不是都要被壓死了嗎?

　　他一看見人就說:"你們要小心啊,如果天掉下來了,我們躲到哪兒去啊?我們一定死定了,怎麼辦呢?"

　　他的朋友看他那麼煩惱的樣子,就勸他說:"放心吧,天不會掉下來的。大家都活得好好的。再說,就是天掉下來了,你一個人著急也沒有用啊!你著急可以解決問題嗎?"

他没听他朋友的话，每天着急得饭也吃不下，觉也睡不好，事也做不了，整天发愁，自言自语地说："要是天掉下来了，怎么办？要是天掉下来了，怎么办？"

后来就用"杞人忧天"比喻没有必要的担忧、无用的着急。

你有的时候也会"杞人忧天"吗？

成语用法举例：

A：我妈妈一天到晚着急，怕我嫁不出去。

B：你妈妈真是杞人忧天。

A：可不是嘛。嫁不出去有什么关系，我才不在乎呢，难道女人一定要结婚吗？

他没聽他朋友的話，每天著急得飯也吃不下，覺也睡不好，事也做不了，整天發愁，自言自語地說："要是天掉下來了，怎麼辦？要是天掉下來了，怎麼辦？"

后來就用"杞人憂天"比喻没有必要的擔憂、無用的著急。

你有的時候也會"杞人憂天"嗎？

成語用法舉例：

A：我媽媽一天到晚著急，怕我嫁不出去。

B：你媽媽真是杞人憂天。

A：可不是嘛。嫁不出去有甚麼關係，我才不在乎呢，難道女人一定要結婚嗎？

Qǐrén-yōutiān

"Qǐrén" shì Qǐguó de yí ge rén, "yōu tiān" shì dānxīn tiān huì diào xiàlai. "Qǐrén-yōutiān" zhè ge chéngyǔ de láiyuán shì zhèyàng de:

Liǎngqiān duō nián qián, Qǐguó yóu yí ge rén, dǎnzi hěn xiǎo, shénme dōu pà. Tā chángcháng wèi yìxiē bù kěnéng de shìqing fánnǎo zìjǐ. Yǒu yì tiān, tā kànzhe tiānkōng, hūrán dānxīn qǐlai. Tā xiǎng: rúguǒ yǒu yì tiān, "tiān" diào xiàlai le, zěnme bàn ne? Wǒmen bú shì dōu yào bèi yā sǐ le ma?

Tā yí kànjiàn rén jiù shuō: "Nǐmen yào xiǎoxīn a, rúguó tiān diào xiàlai le, wǒmen duǒ dào nǎr qù a? Wǒmen yídìng sǐ dìng le, zěnme bàn ne?"

Tā de péngyou kàn tā nàme fánnǎo de yàngzi, jiù quàn tā shuō: "Fàngxīn ba, tiān bú huì diào xiàlai de. Dàjiā dōu huó de hǎohāo de. Zàishuō, jiùshì tiān diào xiàlai le, nǐ yí ge rén zháojí yě méiyǒuyòng a! Nǐ zháojí kěyǐ jiějué wèntí ma?"

Tā méi tīng tā péngyou de huà, měi tiān zháojí de fàn yě chī bu xià, jiào yě shuì bu hǎo, shì yě zuò bu liǎo, zhěng tiān fāchóu, zìyán-zìyǔ de shuō: "Yàoshì tiān diào xiàlai le, zěnme bàn? Yàoshì tiān diào xiàlai le, zěnme bàn?"

Hòulái jiù yòng "Qǐrén-yōutiān" bǐyù méiyǒu bìyào de dānyōu、wúyòng de zháojí.

Nǐ yǒu de shíhou yě huì "Qǐrén-yōutiān" ma?

1. 杞人	杞人	Qǐrén	the man of Qi
2. 杞国	杞國	Qǐguó	*name of a state in the Zhou dynasty in today's Henan province*
3. 忧天	憂天	yōu tiān	fear that the sky might fall
4. 担心	擔心	dānxīn	worry, feel anxious
5. 来源	來源	láiyuán	source, origin
6. 烦恼	煩惱	fánnǎo	be vexed, be worried
7. 劝	勸	quàn	advise, urge, try to persuade
8. 放心	放心	fàngxīn	set one's mind at rest
9. 着急	著急	zháojí	worry, feel anxious
10. 整天	整天	zhěng tiān	the whole day, all day
11. 发愁	發愁	fāchóu	worry, be anxious
12. 自言自语	自言自語	zìyán-zìyǔ	talk to oneself, think aloud
13. 没有用	没有用	méiyǒuyòng	useless
14. 担忧	擔憂	dānyōu	worry, be anxious
15. 无用	無用	wúyòng	useless, of no use

（一）填空：

　　填空：

　　（1）"忧天"是_____天会掉_____。

　　　　 "憂天"是_____天會掉_____。

　　（2）那个"杞人"常为一些不可能的事情_____。

　　　　 那個"杞人"常為一些不可能的事情_____。

　　（3）那个人着急_____饭也吃_____，觉也睡_____，事也做
　　　　 _____。

　　　　 那個人著急_____飯也吃_____，覺也睡_____，事也做
　　　　 _____。

　　（4）"杞人忧天"是形容一个人常为不_____的事烦恼。

　　　　 "杞人憂天"是形容一個人常為不_____的事煩惱。

（二）造句：

　　造句：

　　（1）担心：
　　　　 擔心：

　　（2）来源：
　　　　 來源：

　　（3）劝：
　　　　 勸：

　　（4）整天：
　　　　 整天：

　　（5）放心：
　　　　 放心：

8

画 蛇 添 足

畫 蛇 添 足

Huàshé-tiānzú

Draw a snake and add feet to it —
ruin the effect by adding what is superfluous

"画蛇添足"这个成语是说一个人画蛇的时候,给蛇加上了几只脚。蛇本来是没有脚的,如果你给蛇加上了脚,会有什么结果呢?

　　据说,在战国时代,楚国有一个人请了几个人给他管理寺庙。那天天气很冷,主人就叫人拿一壶酒来给这几个人喝。

　　可是一壶酒不够他们几个人喝的。他们商量了一会儿,就决定比赛画蛇,谁先画完蛇谁就喝那壶酒。一、二、三,开始画。他们每个人都用一根树枝在地上画起蛇来了。

"畫蛇添足"這個成語是說一個人畫蛇的時候,給蛇加上了幾隻腳。蛇本來是沒有腳的,如果你給蛇加上了腳,會有甚麼結果呢?

據說,在戰國時代,楚國有一個人請了幾個人給他管理寺廟。那天天氣很冷,主人就叫人拿一壺酒來給這幾個人喝。

可是一壺酒不夠他們幾個人喝的。他們商量了一會兒,就決定比賽畫蛇,誰先畫完蛇誰就喝那壺酒。一、二、三,開始畫。他們每個人都用一根樹枝在地上畫起蛇來了。

一个人很快就画好了。看见别人还没画完,他想:我还有时间给蛇添上几只脚呢。

没想到他还没画完的时候,另外一个人把蛇画好了,就说:"我赢了,把酒壶给我。"那个给蛇添脚的人说:"酒应该给我喝,因为我是第一个画好的。"另外那个人说:"我们说好是画蛇,你画的不是蛇啊,蛇是没有脚的。"大家都说:"对啊!你画的不是蛇。不能喝酒。"

那个给蛇添脚的人气死了,可是没办法,眼睁睁看着一壶好酒让别人喝了,只好怪自己为什么要给蛇加脚呢!真是多此一举。

成语用法举例:

李老师:请您给修改一下我这篇文章。

张老师:你这篇文章写得非常好,如果我再加什么,就是画蛇添足了。

李老师:您太客气了。谢谢。

一個人很快就畫好了。看見別人還沒畫完,他想:我還有時間給蛇添上幾隻腳呢。

沒想到他還沒畫完的時候,另外一個人把蛇畫好了,就說:"我贏了,把酒壺給我。"那個給蛇添腳的人說:"酒應該給我喝,因為我是第一個畫好的。"另外那個人說:"我們說好是畫蛇,你畫的不是蛇啊,蛇是沒有腳的。"大家都說:"對啊!你畫的不是蛇。不能喝酒。"

那個給蛇添腳的人氣死了,可是沒辦法,眼睜睜看著一壺好酒讓別人喝了,只好怪自己為甚麼要給蛇加腳呢!真是多此一舉。

成語用法舉例:
李老師:請您給修改一下我這篇文章。
張老師:你這篇文章寫得非常好,如果我再加甚麼,就是畫蛇添足了。
李老師:您太客氣了。謝謝。

Huàshé-tiānzú

"Huàshé-tiānzú" zhè ge chéngyǔ shì shuō yí ge rén huà shé de shíhou, gěi shé jiā shang le jǐ zhī jiǎo. Shé běnlái shì méiyǒu jiǎo de, rúguǒ nǐ gěi jiā shang le jiǎo, huì yǒu shénme jiéguǒ ne?

Jùshuō, zài Zhànguó shídài, Chǔguó yǒu yí ge rén qǐngle jǐ ge rén gěi tā guǎnlǐ sìmiào. Nà tiān tiānqi hěn lěng, zhǔrén jiù jiào rén nále yì hú jiǔ gěi zhè jǐ ge rén hē.

Kěshì yì hú jiǔ bú gòu tāmen jǐ ge rén hē de. Tāmen shāngliàngle yíhuìr, jiù juédìng bǐsài huà shé, shuí xiān huà wán shé, shuí jiù hē nà hú jiǔ. Yī、 èr、 sān, kāishǐ huà. Tāmen měi ge rén dōu yòng yì gēn shùzhī zài dìshang huà qǐ shé lai le.

Yí ge rén hěn kuài jiù huà hǎo le. Kànjiàn biérén hái méi huà wán, tā xiǎng: wǒ hái yǒu shíjiān gěi shé tiānshang jǐ zhī jiǎo ne.

Méi xiǎngdào tā hái méi huà wán de shíhou, lìngwài yí ge rén bǎ shé huà hǎo le, jiù shuō: "Wǒ yíng le, bǎ jiǔhú gěi wǒ." Nà ge gěi shé tiān jiǎo de rén shuō: "Jiǔ yīnggāi gěi wó hē, yīnwèi wǒ shì dì-yī ge huà hǎo de." Lìngwài nà ge rén shuō: "Wǒmen shuō hǎo shì huà shé, nǐ huà de bú shì shé a, shé shì méiyǒu jiǎo de." Dàjiā dōu shuō: "Duì a! Nǐ huà de bú shì shé, bù néng hē jiǔ."

Nà ge gěi shé tiān jiǎo de rén qìsǐ le, kěshì méi bànfǎ, yǎnzhēngzhēng kànzhe yì hú hǎo jiǔ ràng biérén hē le, zhǐhǎo guài zìjǐ wèishénme yào gěi shé jiā jiǎo ne! Zhēn shì duōcǐyìjǔ.

生词注解／生詞註解

1. 添	添	tiān	add，increase
2. 足	足	zú	foot，leg
3. 战国	戰國	Zhànguó	the Warring States（475－221 B.C.）
4. 楚国	楚國	Chǔguó	*a powerful feudal state that existed from* 740 *to* 330 *B.C.*
5. 管理	管理	guǎnlǐ	manage，run，administer
6. 寺庙	寺廟	sìmiào	temple
7. 比赛	比賽	bǐsài	compete，competition
8. 赢	赢	yíng	win
9. 说好	說好	shuōhǎo	come to an agreement or understanding
10. 眼睁睁	眼睁睁	yǎnzhēngzhēng	（look on）helplessly or unfeelingly
11. 怪	怪	guài	blame
12. 多此一举	多此一舉	duōcǐyìjǔ	make an unnecessary move

(一)请回答下面的问题：

請回答下面的問題：

(1) "添足"白话是什么意思？

"添足"白話是甚麼意思？

(2) 那几个人怎么决定谁喝那壶酒？

那幾個人怎麼決定誰喝那壺酒？

(3) 最先画好的人为什么不能喝酒？

最先畫好的人為甚麼不能喝酒？

(4) "画蛇添足"的故事是要告诉我们什么？

"畫蛇添足"的故事是要告訴我們甚麼？

(二)造句：

造句：

(1) 商量：
商量：

(2) 怪：
怪：

(3) 谁……谁就：
誰……誰就：

(4) 让：
讓：

(5) 多此一举：
多此一舉：

9

东 施 效 颦

東 施 效 顰

Dōngshī-xiàopín

Dongshi imitates —
blind imitation leads to the opposite effect

"东施"是一个女人的名字，"效颦"是模仿别人的意思。

　　在春秋末年，越国的一个村子里有两个女人，一个叫西施，一个叫东施。西施长得非常漂亮，是一个美人。每次她在街上走的时候，都会引起很多人的注意，大家都会停下来欣赏她。有一天西施在街上走的时候，忽然心痛病发作了，她就用手按着胸口，皱着眉头。西施皱着眉头的样子，比平时更好看了。

　　东施长得很丑，她很羡慕西施，常常模仿西施的样子。东施看见西施皱眉头的样子真美，她也模仿西施的样子，用手按住胸口，皱着眉头。没想到她这样做却变得更丑了。

"東施"是一個女人的名字,"效顰"是模仿別人的意思。

在春秋末年,越國的一個村子裡有兩個女人,一個叫西施,一個叫東施。西施長得非常漂亮,是一個美人。每次她在街上走的時候,都會引起很多人的注意,大家都會停下來欣賞她。有一天西施在街上走的時候,忽然心痛病發作了,她就用手按著胸口,皺著眉頭。西施皺著眉頭的樣子,比平時更好看了。

東施長得很醜,她很羨慕西施,常常模仿西施的樣子。東施看見西施皺眉頭的樣子真美,她也模仿西施的樣子,用手按住胸口,皺著眉頭。沒想到她這樣做卻變得更醜了。

村子里的人看见东施模仿西施的样子那么丑，连看也不愿多看一眼，都远远地躲开了。

后来大家就把那些不知道人家的优点在哪里，也不管自己的条件怎么样，就盲目地模仿别人，叫做"东施效颦"。

成语用法举例：

老黄：有些中国人认为美国很先进，所以中国应该完全模仿美国。你的意见怎么样？

老谢：我认为中国有中国的文化跟国情，如果不考虑自己的国情，全盘模仿美国，就跟东施效颦一样了。

老黄：我同意你的看法。

村子裡的人看見東施模仿西施的樣子那麼醜，連看也不願多看一眼，都遠遠地躲開了。

　　後來大家就把那些不知道人家的優點在哪裡，也不管自己的條件怎麼樣，就盲目地模仿別人，叫做"東施效顰"。

成語用法舉例：

　　老黃：有些中國人認為美國很先進，所以中國應該完全模仿美國。你的
　　　　　意見怎麼樣？

　　老謝：我認為中國有中國的文化跟國情，如果不考慮自己的國情，全盤模
　　　　　仿美國，就跟東施效顰一樣了。

　　老黃：我同意你的看法。

Dōngshī-xiàopín

"Dōngshī" shì yí ge nǚrén de míngzi, "xiào pín" shì mófǎng biérén de yìsi.

Zài Chūnqiū mònián, Yuèguó de yí ge cūnzi lǐ you liǎng ge nǚrén, yí ge jiào Xīshī, yí ge jiào Dōngshī. Xīshī zhǎng de fēicháng piàoliang, shì yí ge měirén. Měi cì tā zài jiēshang zǒu de shíhou, dōu huì yǐnqǐ hěn duō rén de zhùyì, dàjiā dōu huì tíng xiàlai xīnshǎng tā. Yǒu yì tiān Xīshī zài jiēshang zǒu de shíhou, hūrán xīntòngbìng fāzuò le, tā jiù yòng shǒu ànzhe xiōngkǒu, zhòuzhe méitóu. Xīshī zhòuzhe méitóu de yàngzi, bǐ píngshí gèng hǎokàn le.

Dōngshī zhǎng de hěn chǒu, tā hěn xiànmù Xīshī, chángcháng mófǎng Xīshī de yàngzi. Dōngshī kànjiàn Xīshī zhòu méitóu de yàngzi zhēn měi, tā yě mófǎng Xīshī de yàngzi, yòng shǒu ànzhù xiōngkǒu, zhòuzhe méitóu. Méi xiǎng dào tā zhèyàng zuò què biàn de gèng chǒu le.

Cūnzi lǐ de rén kàngjiànle Dōngshī mófǎng Xīshī de yàngzi nàme chǒu, lián kàn yě bù yuàn duō kàn yì yǎn, dōu yuǎnyuān de duǒ kāi le.

Hòulái dàjiā jiù bǎ nàxiē bù zhīdào rénjia de yōudiǎn zài nǎlǐ, yě bù guǎn zìjǐ de tiáojiàn zěnmeyàng, jiù mángmù de mófǎng biérén, jiàozuò "Dōngshī-xiàopín".

1. 东施	東施	Dōngshī	*a person's name*
2. 效颦	效顰	xiàopín	imitate (Xishi) in knitting brows
3. 春秋	春秋	Chūnqiū	the Spring and Autumn period (770—476 B.C.)
4. 末年	末年	mònián	last years of a dynasty
5. 越国	越國	Yuèguó	*name of a state in today's Zhejiang province*
6. 西施	西施	Xīshī	*a famous beauty during 5th century B.C., a daughter of humble parents in Zhejiang, she was taken and trained, and afterwards used to debauch the prince of Wu and cause his defeat*
7. 欣赏	欣賞	xīnshǎng	admire, appreciate, enjoy
8. 丑	醜	chǒu	ugly
9. 羡慕	羨慕	xiànmù	admire, envy
10. 模仿	模仿	mófǎng	imitate, model oneself on
11. 心痛病	心痛病	xīntòngbìng	pain at the pit of the stomach; heartburn
12. 发作	發作	fāzuò	(of a disease) come on
13. 按	按	àn	keep one's hand on, press
14. 胸口	胸口	xiōngkǒu	the pit of the stomach
15. 皱眉头	皺眉頭	zhòu méitóu	knit (or contract) one's brows
16. 却	卻	què	but, yet, however
17. 躲开	躲開	duǒ kāi	hide (oneself), avoid
18. 优点	優點	yōudiǎn	strong (or good) point
19. 不顾	不顧	búgù	in spite of, regardless of
20. 条件	條件	tiáojiàn	condition, term
21. 盲目	盲目	mángmù	blind

(一)请回答下面的问题：

请回答下面的問題：

(1) "东施效颦"是什么时代的故事？

"東施效颦"是甚麼時代的故事？

(2) 东施为什么要模仿<u>西施</u>？

<u>東施</u>為甚麼要模仿<u>西施</u>？

(3) <u>东施</u>怎么样模仿<u>西施</u>？

<u>東施</u>怎麼樣模仿<u>西施</u>？

(4) <u>东施</u>模仿<u>西施</u>的结果怎么样？

<u>東施</u>模仿<u>西施</u>的結果怎麼樣？

(5) "东施效颦"这个故事是要说明什么？你对这个故事的看法是什么？

"東施效颦"這個故事是要說明甚麼？你對這個故事的看法是甚麼？

(二)造句：

造句：

(1) 欣赏：

欣賞：

(2) 羡慕：

羨慕：

(3) 没想到：

没想到：

10

愚公移山

愚公移山

Yúgōng-yíshān

The Foolish Old Man removes the mountains —
where there's a will, there's a way

"愚公"是一个老人。"移山"是把山搬走的意思。你想,一个老人能把一座山移走吗?

　　在中国北方一个村子里住着一家人。这家有一个将近九十岁的老人,名字叫愚公。他们的村子前面有两座大山,挡住了他们去城里的路。他们到城里去的时候,都得绕过大山,很不方便。一天,愚公跟他的家人说:"我们村子前面的这两座大山真不方便,我们为什么不把这两座大山挖平呢?"

　　愚公的妻子说:"凭我们几个人的力气,能把这两座大山挖平吗?"愚公说:"我们可以慢慢地挖,总有一天能把山挖平的。"家人被他说服了。第二天他们就开始挖山。

　　村子里有一个以为自己很聪明的人,看见愚公的家人在挖山,就对愚公说:"你已经这么大年纪了,怎么可能把这两座山挖平呢,别白费力气了。"愚公说:"你说的也对。但是我死了,还有儿子;我

"愚公"是一個老人。"移山"是把山搬走的意思。你想,一個老人能把一座山移走嗎?

　　在中國北方一個村子裡住著一家人。這家有一個將近九十歲的老人,名字叫愚公。他們的村子前面有兩座大山,擋住了他們去城裡的路。他們到城裡去的時候,都得繞過大山,很不方便。一天,愚公跟他的家人說:"我們村子前面的這兩座大山真不方便,我們為甚麼不把這兩座大山挖平呢?"

　　愚公的妻子說:"憑我們幾個人的力氣,能把這兩座大山挖平嗎?"愚公說:"我們可以慢慢地挖,總有一天能把山挖平的。"家人被他說服了。第二天他們就開始挖山。

　　村子裡有一個以為自己很聰明的人,看見愚公的家人在挖山,就對愚公說:"你已經這么大年紀了,怎麼可能把這兩座山挖平呢,別白費力氣了。"愚公說:"你說的也對。但是我死了,還有兒子;我

73

儿子死了,还有我孙子;子子孙孙,继续不断,总有一天会把这两座山挖平的。"

　　那个人也无话可说了。没想到天上的神被愚公的精神感动了,就派了两个力气很大的神,夜里把那两座大山搬走了。
　　现在我们常用"愚公移山"这个成语鼓励人不要怕困难,只要有决心,什么事都可以做到。

成语用法举例:
　　小唐:这么多事情,什么时候能做完啊?
　　小白:慢慢做。你没有听说过愚公移山的故事吗?只要你去做,总有做
　　　　 完的时候。
　　小唐:现在是二十一世纪了,你还要我学愚公移山的精神啊?我可没有
　　　　 那么多工夫。
　　小白:不怕慢,就怕站。这个道理不管什么世纪都一样。信不信由你。

兒子死了，還有我孫子；子子孫孫，繼續不斷，總有一天會把這兩座山挖平的。"

　　那個人也無話可說了。沒想到天上的神被<u>愚公</u>的精神感動了，就派了兩個力氣很大的神，夜裡把那兩座大山搬走了。

　　現在我們常用"愚公移山"這個成語鼓勵人不要怕困難，只要有決心，什麼事都可以做到。

成語用法舉例：

　　小唐：這麼多事情，什麼時候能做完啊？

　　小白：慢慢做。你沒有聽說過<u>愚公移山</u>的故事嗎？只要你去做，總有做
　　　　　完的時候。

　　小唐：現在是二十一世紀了，你還要我學<u>愚公移山</u>的精神啊？我可沒有
　　　　　那麼多工夫。

　　小白：不怕慢，就怕站。這個道理不管甚麼世紀都一樣。信不信由你。

Yúgōng-yí shān

"Yúgōng" shì yí ge lǎorén. "Yí shān" shì bǎ shān bānzǒu de yìsi. Nǐ xiǎng, yí ge lǎorén néng bǎ shān yízǒu ma?

Hěn jiǔ hěn jiǔ yǐqián, zài Zhōngguó běifāng yí ge xiǎo cūnzi lǐ zhùzhe yì jiā rén. Zhè jiā yǒu yí ge jiāngjìn jiǔshí suì de lǎorén, míngzi jiào Yúgōng. Tāmen de cūnzi qiánmiàn yǒu liǎng zuò dà shān, dǎngzhùle tāmen qù chénglǐ de lù. Tāmen dào chénglǐ qù de shíhou, dōu děi ràoguò dà shān, hěn bù fāngbiàn. Yì tiān, Yúgōng gēn tā de jiārén shuō: "Wǒmen cūnzi qiánmiàn de zhè liǎng zuò dà shān zhēn bù fāngbiàn, wǒmen wèi shénme bù bǎ zhè liǎng zuò dà shān wā píng ne?"

Yúgōng de qīzǐ shuō: "Píng wǒmen jǐ ge rén de lìqì, néng bǎ zhè liǎng zuò dà shān wā píng ma?" Yúgōng shuō: "wǒmen kěyǐ mànmān de wā, zǒng yǒu yì tiān néng bǎ shān wā píng de." Jiārén bèi tā shuōfú le. Dì-èr tiān tāmen jiù kāishǐ wā shān.

Cūnzi lǐ yǒu yí ge yǐwéi zìjǐ hěn cōngming de rén, kànjiàn Yúgōng de jiārén zài wā shān, jiù duì Yúgōng shuō: "Nǐ yǐjīng zhème dà niánjì le, zěnme kěnéng bǎ zhè liǎng zuò shān wā píng ne, bié báifèi lìqi le." Yúgōng shuō: "Nǐ shuō de yě duì. Dànshì wǒ sǐ le, hái yǒu wǒ érzi; wǒ érzi sǐ le, hái yǒu wǒ sūnzi; zǐzǐ-sūnsūn, jìxù búduàn, zǒng yǒu yì tiān huì bǎ zhè liǎng zuò shān wā píng de."

Nà ge rén yě wú huà kě shuō le. Méi xiǎngdào tiānshang de shén bèi Yúgōng de jīngshén gǎndòng le, jiù pàile liǎng ge lìqi hěn dà de shén, yèlǐ bǎ nà liǎng zuò dà shān bānzǒu le.

Xiànzài wǒmen cháng yòng "Yúgōng-yíshān" zhè ge chéngyǔ gǔlì rén bú yào pà kùnnán, zhǐyào yǒu juéxīn, shénme shì dōu kěyǐ zuòdào.

1. 愚公	愚公	Yúgōng	the Foolish Old Man
2. 移山	移山	yí shān	remove a mountain
3. 将近	將近	jiāngjìn	close to, nearly
4. 挡住	擋住	dǎngzhù	block, get in the way of
5. 绕过	繞過	ràoguò	go by a roundabout route
6. 挖	挖	wā	dig, excavate
7. 平	平	píng	flat, level, even, smooth
8. 凭	憑	píng	lean on, rely on
9. 力气	力氣	lìqi	physical strength, effort
10. 说服	説服	shuōfú	persuade, convince
11. 白费	白費	báifèi	waste
12. 感动	感動	gǎndòng	move, touch
13. 神	神	shén	god

（一）请回答下面的问题：
　　请回答下面的問題：

（1）中国人常常会提到"愚公移山"这个故事。你想是为什么？
　　　中國人常常會提到"愚公移山"這個故事。你想是為甚麼？

（2）这个故事中的老人叫"愚公"，有特别的用意吗？
　　　這個故事中的老人叫"愚公"，有特别的用意嗎？

（3）如果你把"愚公移山"的故事讲给你的国家的孩子听,他们会说什么？
　　　为什么？
　　　如果你把"愚公移山"的故事講給你的國家的孩子聽,他們會說甚麼？
　　　為甚麼？

（一）造句：
　　造句：

（1）挡住：
　　擋住：

（2）说服：
　　説服：

（3）白费：
　　白費：

（4）感动：
　　感動：

自 相 矛 盾

自 相 矛 盾

Zìxiāng-máodùn

The same person has both a spear and a shield —
beat oneself with one's own staff

"矛"跟"盾"都是古时候打仗使用的武器。"自相矛盾"这个成语是怎么来的呢？

　　战国时代，有一天，在一个热闹的市场里，一个人卖"矛"也卖"盾"。他自夸他的"矛"跟"盾"如何如何好。他先拿起他的盾说："我做的这个盾是世界上最结实的盾，任何尖锐的东西都刺不穿它。"

　　他等了半天，看没有人要买他的盾，就把盾放下，拿起他的矛说："我做的矛是世界上最锋利的矛，不管什么样的盾，一刺就可以刺穿。"

"矛"跟"盾"都是古時候打仗使用的武器。"自相矛盾"這個成語是怎麼來的呢?

　　戰國時代,有一天,在一個熱鬧的市場裡,一個人賣"矛"也賣"盾"。他自誇他的"矛"跟"盾"如何如何好。他先拿起他的盾說:"我做的這個盾是世界上最結實的盾,任何尖銳的東西都刺不穿它。"

　　他等了半天,看沒有人要買他的盾,就把盾放下,拿起他的矛說:"我做的矛是世界上最鋒利的矛,不管甚麼樣的盾,一刺就可以刺穿。"

他说完了以后，一个人问他："你说你的矛是世界上最锋利的矛，可以刺穿任何盾；你的盾是世界上最结实的盾，什么矛都刺不穿。那么，请问，要是用你这个矛刺你这个盾，会有什么结果呢？"

那个人回答不出来了，很不好意思地拿起他的矛和盾走开了。

现在，我们就用"自相矛盾"这个成语比喻一个人说的话前后抵触。

成语用法举例：

太太：你口口声声说男女平等，为什么家事每天都要我做，你什么都不做？真是<u>自相矛盾</u>。

他説完了以後,一個人問他:"你説你的矛是世界上最鋒利的矛,可以刺穿任何盾;你的盾是世界上最結實的盾,甚麼矛都刺不穿。那麼,請問,要是用你這個矛刺你這個盾,會有甚麼結果呢?"

　　那個人回答不出來了,很不好意思地拿起他的矛和盾走開了。
　　現在,我們就用"自相矛盾"這個成語比喻一個人説的話前後抵觸。

成語用法舉例:
　　太太:你口口聲聲説男女平等,為甚麼家事每天都要我做,你甚麼都不
　　　　　做? 真是<u>自相矛盾</u>。

Zìxiāng-máodùn

"Máo" gēn "dùn" dōng shì gǔshíhou dǎzhàng yòng de wǔqì. "Zìxiāng-máodùn" zhè ge chéngyǔ shì zěnme lái de ne?

Zhànguó shídài, yǒu yì tiān, zài yí ge rènao de shìchǎng lǐ, yí ge rén mài "máo" yě mài "dùn". Tā zìkuā tā de máo gēn dùn rúhé rúhé hǎo. Tā xiān ná qǐ tā de dùn shuō: "Wǒ zuò de zhè ge dùn shì shìjiè shang zuì jiēshi de dùn, rènhé jiānruì de dōngxi dōu cì bu chuān tā."

Tā děngle bàntiān, kàn méiyǒu rén yào mǎi tā de dùn, jiù bǎ dùn fàngxia, ná qǐ tā de máo shuō: "Wǒ zuò de máo shì shìjiè shang zuì fēnglì de máo, bùguǎn shénmeyàng de dùn, yí cì jiù kěyǐ cì chuān."

Tā shuō wán le yǐhòu, yí ge rén wèn tā: "Nǐ shuō nǐ de máo shì shìjiè shang zuì fēnglì de máo, kěyǐ cì chuān rènhé dùn; nǐ de dùn shì shìjiè shang zuì jiēshi de dùn, shénme máo dōu cì bu chuān. Nàme, qǐng wèn, yàoshi yòng nǐ zhè ge máo cì nǐ zhè ge dùn, huì yǒu shénme jiéguǒ ne?"

Nà ge rén huídá bu chūlai le, hěn bù hǎoyìsī de ná qǐ tā de máo hé dùn zǒukāi le.

Xiànzài wǒmen jiù yòng "zìxiāng-máodùn" zhè ge chéngyǔ bǐyù yí ge rén shuō de huà qiánhòu dǐchù.

1. 矛	矛	máo	spear
2. 盾	盾	dùn	shield
3. 打仗	打仗	dǎzhàng	fight, go to war, make war
4. 武器	武器	wǔqì	weapon, arms
5. 自相矛盾	自相矛盾	zìxiāng-máodùn	contradict oneself, be self-contradictory
6. 热闹	熱鬧	rènao	lively, bustling with noise and excitement
7. 自夸	自誇	zìkuā	sing one's own praises
8. 如何如何	如何	rúhé-rúhé	how
9. 结实	結實	jiēshi	solid, sturdy, durable
10. 尖锐	尖鋭	jiānruì	sharp-pointed, sharp
11. 刺穿	刺穿	cì chuān	penetrate
12. 锋利	鋒利	fēnglì	sharp
13. 抵触	抵觸	dǐchù	conflict, contradict

(一)请把"自相矛盾"这个故事翻译成你们国家的语言。

请把"自相矛盾"這個故事翻譯成你們國家的語言。

(二)请你写一个自相矛盾的故事。

請你寫一個自相矛盾的故事。

走马看花

走馬看花

Zǒumǎ-kànhuā

Look at flowers while riding on horseback —
gain a superficial understanding through cursory observation

"走马"是人骑着马跑的意思。一边骑着马跑一边看花,会有什么结果呢?

从前有一个叫贵良的人,因为他的腿有一点儿瘸,一直找不到一个漂亮女人做他的妻子。他有点儿着急,就请他的朋友华汉帮他介绍一个。

华汉正好认识一个叫叶青的姑娘。这个姑娘因为鼻子有点儿歪,也一直找不到好的对象。

华汉想:如果我给他们两个人介绍介绍,不是很好吗?可是他又一想,如果他们知道了彼此的缺点就很难成功了。华汉左思右想,终于想出来了一个好主意。他叫贵良骑着马从叶青的门前经过,看看叶青。同时他叫叶青那天站在门口,手里拿着一束花遮住鼻子,也看看贵良是什么样的人。这样,他们两个人就谁也看不出谁的缺点了。

“走馬”是人騎著馬跑的意思。一邊騎著馬跑一邊看花,會有甚麼結果呢?

　　從前有一個叫貴良的人,因為他的腿有一點兒瘸,一直找不到一個漂亮女人做他的妻子。他有點兒著急,就請他的朋友華漢幫他介紹一個。

　　華漢正好認識一個叫葉青的姑娘。這個姑娘因為鼻子有點兒歪,也一直找不到好的對象。

　　華漢想:如果我給他們兩個人介紹介紹,不是很好嗎?可是他又一想,如果他們知道了彼此的缺點就很難成功了。華漢左思右想,終於想出來了一個好主意。他叫貴良騎着馬從葉青的門前經過,看看葉青。同時他叫葉青那天站在門口,手裡拿着一束花遮住鼻子,也看看貴良是甚麼樣的人。這樣,他們兩個人就誰也看不出誰的缺點了。

　　那天贵良在马上看见拿花的<u>叶青</u>，非常喜欢，决定要娶她。<u>叶青</u>看见骑在马上的<u>贵良</u>很帅，也愿意嫁给<u>贵良</u>。

　　结婚的那天晚上，新郎掀起了新娘的盖头，看见了新娘的歪鼻子，吓了一跳。这时，新娘也发现<u>贵良</u>是个瘸子，也大吃一惊。这是他们走马看花的结果。

　　现在用"走马看花"来比喻略看外表，不仔细观察事物。

成语用法举例：

　　钱先生：每次去旅行，老是因为时间不够，每个地方只能<u>走马看花</u>地看一看，很可惜。

　　何小姐：虽然是<u>走马看花</u>地看一看，但还会有一点儿印象，是吗？

　　钱先生：那倒是。

那天貴良在馬上看見拿花的葉青，非常喜歡，決定要娶她。葉青看見騎在馬上的貴良很帥，也願意嫁給貴良。

結婚的那天晚上，新郎掀起了新娘的蓋頭，看見了新娘的歪鼻子，嚇了一跳。這時，新娘也發現貴良是個瘸子，也大吃一驚。這是他們走馬看花的結果。

現在用"走馬看花"來比喻略看外表，不仔細觀察事物。

成語用法舉例：

錢先生：每次去旅行，老是因為時間不夠，每個地方只能走馬看花地看一看，很可惜。

何小姐：雖然是走馬看花地看一看，但還會有一點兒印象，是嗎？

錢先生：那倒是。

Zǒumǎ-kànhuā

"Zǒu mǎ" shì rén qízhe mǎ pǎo de yìsi. Yìbiān qízhe mǎ yìbiān kàn huā, huì yǒu shénme jiéguǒ ne?

Cóngqián yǒu yí ge jiào Guì Liáng de rén, yīnwèi tā de tuǐ yǒu yìdiǎnr qué, yìzhí zhǎo bu dào yí ge piàoliang nǚrén zuò tā de qīzǐ. Tā yǒu diǎnr zháojí, jiù qǐng tā de péngyǒu Huà Hàn bāngmáng gěi tā jièshào yí ge.

Huà Hàn zhènghǎo rènshi yí ge jiào Yè Qīng de gūniang. Zhè ge gūniang yīnwèi bízi yǒu diǎnr wāi, yě yìzhí zhǎo bu dào hǎo de duìxiàng.

Huà Hàn xiǎng: Rúguǒ wǒ gěi tāmen liǎng ge rén jièshào jièshào bú shì hěn hǎo ma? Kěshì tā yòu yì xiǎng, rúguǒ tāmen zhīdàole bǐcǐ de quēdiǎn jiù hěn nán chénggōng le. Huá Hàn zuǒsī-yòuxiǎng, zhōngyú xiǎng chūlaile yí ge hǎo zhúyi. Tā jiào Guì Liáng qízhe mǎ cóng Yè Qīng de mén qián jīngguò, kànkan Yè Qīng. Tóngshí tā jiào Yè Qīng nà tiān zhàn zài ménkǒu, shǒu li názhe yí shù huā zhēzhù bízi, yě kànkan Guì Liáng shì shénme yàng de rén. Zhèyàng, tāmen liǎng ge rén jiù shuí yě kàn bu chūlai shuí de quēdiǎn le.

Nà tiān Guì Liáng zài mǎ shang kànjiàn ná huā de Yè Qīng, fēicháng xǐhuan, juédìng yào qǔ tā. Yè Qīng kànjiàn qí zài mǎ shang de Guì Liáng hěn shuài, yě yuànyì jià gěi Guì Liáng.

Jiéhūn de nà tiān wǎnshang, xīnláng xiānqǐle xīnniángǒ de gàitou, kànjiàn- le xīnniáng de wāi bízi, xiàle yí tiào. Zhè shí, xīnniáng yě fāxiàn Guì Liáng shì ge quézi, yě dà chī yì jīng. Zhè shì tāmen "zǒumǎ-kànhuā" de jiéguǒ.

Xiànzài yòng "zǒumǎ-kànhuā" lái bǐyù luè kàn wàibiǎo, bù zǐxì guānchá shìwù.

生词注解/生詞註解

1. 贵良	貴良	Guì Liáng	*a person's name*
2. 瘸	瘸	qué	be lame, limp
瘸子	瘸子	quézi	a lame person, cripple
3. 华汉	華漢	Huà Hàn	*a person's name*
4. 叶青	葉青	Yè Qīng	*a person's name*
5. 歪	歪	wāi	crooked
6. 对象	對象	duìxiàng	potential spouse
7. 彼此	彼此	bǐcǐ	each other, one another
8. 缺点	缺點	quēdiǎn	shortcoming, weakness
9. 左思右想	左思右想	zuǒsī-yòuxiǎng	thinking of this and that
10. 终于	終於	zhōngyú	as last, in the end
11. 束	束	shù	bundle, bunch
12. 遮住	遮住	zhēzhù	hide from view, cover
13. 娶	娶	qǔ	marry (a woman)
14. 帅	帥	shuài	handsome
15. 嫁	嫁	jià	(of a woman) marry
16. 新郎	新郎	xīnláng	bridegroom
17. 新娘	新娘	xīnniáng	bride
18. 掀起	掀起	xiānqǐ	lift, raise
19. 盖头	蓋頭	gàitou	(in old China) the head-cover or veil for the bride at a wedding
20. 吓一跳	嚇一跳	xià yí tiào	give a start, scared
21. 大吃一惊	大吃一驚	dà chī yì jīng	be startled, be shocked
22. 外表	外表	wàibiǎo	outward appearance
23. 仔细	仔細	zǐxì	careful, attentive
24. 观察	觀察	guānchá	observe, watch, survey

93

练习/練習

(一)请回答下面的问题:

　　請回答下面的問題:

(1) 为什么贵良要骑着马看叶青?

　　為甚麼貴良要騎着馬看葉青?

(2) 叶青为什么不容易找到合适的对象?

　　葉青為甚麼不容易找到合適的對象?

(3) 华汉想出来一个什么好办法让他们彼此相看?

　　華漢想出來一個甚麼好辦法讓他們彼此相看?

(4) 你认为找对象什么最重要?

　　你認為找對象甚麼最重要?

(5) 你想,叶青和贵良知道了彼此的缺点以后会怎么样?

　　你想,葉青和貴良知道了彼此的缺點以後會怎麼樣?

(二)造句:

　　造句:

(1) 左思右想:

　　左思右想:

(2) 外表:

　　外表:

(3) 仔细:

　　仔細:

(4) 如果……就:

　　如果……就:

94

13

塞翁失马

塞翁失馬

Sàiwēng-shīmǎ

The old frontiersman loses his horse —
misfortune may be a blessing in disguise

"塞翁"是住在边远地方的一个老头儿。"失马"是马不见了。

古时候,在长城附近,塞翁家养了一匹马。有一天他儿子放马的时候,没注意,马跑到胡人那边去了。

邻居都来安慰他。塞翁说:"谢谢你们。我看,这匹马跑了,说不定反而会带来好运呢。"

真的,过了几个月,不但那匹马回来了,并且还从胡人那儿带回

96

"塞翁"是住在邊遠地方的一個老頭兒。"失馬"是馬不見了。

古時候,在長城附近,塞翁家養了一匹馬。有一天他兒子放馬的時候,沒注意,馬跑到胡人那邊去了。

鄰居都來安慰他。塞翁說:"謝謝你們。我看,這匹馬跑了,說不定反而會帶來好運呢。"

真的,過了幾個月,不但那匹馬回來了,并且還從胡人那兒帶回

来了一匹马。邻居听说以后，都来给他们道贺。塞翁说："谢谢你们。不过来了一匹马，也不见得是好事，说不定这马会带来灾祸。"

　　果然，有一天塞翁的儿子骑那匹马的时候，把腿摔断了。邻居又来慰问。塞翁说："谢谢你们的关心，这次我儿子虽然不幸摔断了腿，可能会因祸得福呢。"

　　一年以后，胡人来进攻他们，村里的年轻男人去打仗，都被打死了。塞翁的儿子因为腿断了，没有去打仗，躲过了这场灾难，保住了性命。

　　现在就用"塞翁失马"比喻暂时受到损失，后来却因此得到好处。

成语用法举例：
　　林小姐：毕业以后，找不到工作，我就只好去念博士了。
　　陈小姐：你是塞翁失马。现在不是很好吗，你不但得到了博士学位，而且
　　　　　　有了更好的工作。

來了一匹馬。鄰居聽說以后,都來給他們道賀。<u>塞翁</u>說:"謝謝你們。不過來了一匹馬,也不見得是好事,說不定這馬會帶來災禍。"

　　果然,有一天<u>塞翁</u>的兒子騎那匹馬的時候,把腿摔斷了。鄰居又來慰問。<u>塞翁</u>說:"謝謝你們的關心,這次我兒子雖然不幸摔斷了腿,可能會因禍得福呢。"

　　一年以後,<u>胡人</u>來進攻他們,村裡的年輕男人去打仗,都被打死了。<u>塞翁</u>的兒子因為腿斷了,沒有去打仗,躲過了這場災難,保住了性命。

　　現在就用"塞翁失馬"比喻暫時受到損失,後來卻因此得到好處。

成語用法舉例:

　　林小姐:畢業以後,找不到工作,我就只好去唸博士了。

　　陳小姐:你是塞翁失馬。現在不是很好嗎,你不但得到了博士學位,而且有了更好的工作。

Sàiwēng-shīmǎ

"Sàiwēng" shì zhù zài biānyuǎn dìfang de yí ge lǎo tóur, "shī mǎ" shì mǎ bú jiàn le.

Gǔshíhou, zài Chángchéng fùjìn, sàiwēng jiā yǎngle yì pǐ mǎ. Yǒu yì tiān tā érzi fàng mǎ de shíhou, méi zhùyì, mǎ pǎo dào Húrén nàbiān qù le.

Línjū dōu lái ānwèi tā. sàiwēng shuō: "Xièxie nǐmen. Wǒ kàn, zhè pǐ mǎ pǎo le, shuōbudìng fǎn'ér huì dàilái hǎoyùn ne."

Zhēn de, guòle jǐ ge yuè, búdàn nà pǐ mǎ huílai le, bìngqiě hái cóng Húrén nàr dài huílai le yì pǐ mǎ. Línjū tīngshuō yǐhòu, dōu lái gěi tāmen dàohè. sàiwēng shuō: "Xièxie nǐmen. Búguò láile yì pǐ mǎ, yě bújiànde shì hǎo shì, shuōbudìng zhè mǎ huì dàilái zāihuò."

Guǒrán, yǒu yì tiān, sàiwēng de érzi qí nà pǐ mǎ de shíhou, bǎ tuǐ shuāi duàn le. Línjū yòu lái wèiwèn. Sàiwēng shuō: "Xièxie nǐmen de guānxīn, zhè cì wǒ érzi suīrán búxìng shuāi duànle tuǐ, kěnéng huì yīnhuò-défú ne."

Yì nián yǐhòu, Húrén lái jìngōng tāmen, cūn li de niánqīng nánrén qù dǎzhàng, dōu bèi dǎ sǐ le. Sàiwēng de érzi yīnwèi tuǐ duànle méiyǒu qù dǎzhàng, duǒguòle zhè chǎng zāinàn, bǎozhùle xìngmìng.

Xiànzài jiù yòng "sàiwēng-shīmǎ" bǐyù zànshí shòudào sǔnshī, hòulái què yīncǐ dédào hǎochù.

1. 塞	塞	sài	frontier, border
2. 翁	翁	wēng	old man
3. 失	失	shī	lose, miss
4. 胡人	胡人	Húrén	non-Han nationalities living in the north and west in ancient China
5. 安慰	安慰	ānwèi	comfort, console
6. 说不定	説不定	shuōbudìng	perhaps, maybe
7. 反而	反而	fǎn'ér	on the contrary, instead
8. 好运	好運	hǎoyùn	good fortune, luck
9. 道贺	道賀	dàohè	congratulate
10. 灾祸	災禍	zāihuò	disaster, calamity
11. 摔断	摔斷	shuāi duàn	fall and break
12. 慰问	慰問	wèiwèn	express symphathy and solicitude for, extend one's regard to
13. 因祸得福	因禍得福	yīnhuò-défú	profit by misfortune
14. 进攻	進攻	jìngōng	attack, assault, offensive
15. 躲过	躲過	duǒguò	avoid
16. 灾难	災難	zāinàn	calamity, disaster

练习/練習

(一)填空：
填空：

(1) 塞翁是住在_____地方的一个老人。
   塞翁是住在_____地方的一個老人。

(2) 塞翁想他的马虽然丢了，说_____会带来好运。
   塞翁想他的馬雖然丢了，說_____會帶來好運。

(3) 塞翁家虽然多了一匹马，但是他_____不高兴，因为这匹马
   _____不定会_____灾祸。
   塞翁家雖然多了一匹馬，但是他_____不高興，因為這匹馬
   _____不定會_____災禍。

(4) 塞翁的儿子因为腿_____，所以没去打仗，躲_____了这
   _____灾难。
   塞翁的兒子因為腿_____，所以沒去打仗，躲_____了這
   _____災難。

(5) 世界上_____福_____祸或是_____祸_____福的事很
   多，所以不必太_____得失。
   世界上_____福_____禍或是_____禍_____福的事很
   多，所以不必太_____得失。

(二)造句：
造句：

(1) 安慰：
   安慰：

(2) 不但……反而：
   不但……反而：

(3) 暂时：
   暫時：

(4) 不见得：
   不見得：

102

14

一 箭 双 雕

一 箭 雙 雕

Yíjiàn-shuāngdiāo

Shoot two hawks with one arrow —
kill two birds with one stone

"雕"是一种大鸟。这个成语的意思是说一个人很有本事,用一枝箭可以同时射下来两只大鸟。

　　在中国<u>南北朝</u>的时候,有一个人,叫<u>长孙晟</u>,他虽然书读得不多,但是武艺高强,尤其会射箭。皇帝派他出使<u>突厥国</u>。

　　<u>突厥</u>的国王<u>摄图</u>知道<u>长孙晟</u>的本领很好,非常赏识他,常邀他一起去骑马打猎。有一天他们又率领大队人马去打猎。他们到了森林以后,没看见有什么野兽,很失望。

　　正在这时候,忽然听见天上一阵雕叫的声音。<u>摄图</u>抬头一看,原来是两只大雕在抢一块肉吃。<u>摄图</u>很高兴,就给<u>长孙晟</u>两枝箭,叫他射雕。

　　<u>长孙晟</u>拿起箭,"咻"的一声,两只雕就掉下来了。

"雕"是一種大鳥。這個成語的意思是說一個人很有本事,用一枝箭可以同時射下來兩隻大鳥。

在中國南北朝的時候,有一個人,叫長孫晟,他雖然書讀得不多,但是武藝高強,尤其會射箭。皇帝派他出使突厥國。

突厥的國王攝圖知道長孫晟的本領很好,非常賞識他,常邀他一起去騎馬打獵。有一天他們又率領大隊人馬去打獵。他們到了森林以後,没看見有甚麼野獸,很失望。

正在這時候,忽然聽見天上一陣雕叫的聲音。攝圖抬頭一看,原來是兩隻大雕在搶一塊肉吃。攝圖很高興,就給長孫晟兩枝箭,叫他射雕。

長孫晟拿起箭,"咻"的一聲,兩隻雕就掉下來了。

　　大家都齐声叫好,说长孙晟真了不起,一枝箭一次能射下来两只雕。

　　因为这个故事,后代就用"一箭双雕",或者"一举两得",形容做一件事,可以达到两个目的。

成语用法举例:

　　小董:你这个导游的工作可真不错,不但钱挣得很多,而且可以到处免费旅游。

　　小李:这叫做一箭双雕,对吗?

　　小董:也可以说是一举两得。

　　大家都齊聲叫好,說長孫晟真了不起,一枝箭一次能射下來兩隻雕。

　　因為這個故事,後代就用"一箭雙雕",或者"一舉兩得",形容做一件事,可以達到兩個目的。

成語用法舉例:

　　小董:你這個導遊的工作可真不錯,不但錢挣得很多,而且可以到處免費旅遊。

　　小李:這叫做一箭雙雕,對嗎?

　　小董:也可以說是一舉兩得。

Yíjiàn-shuāngdiāo

"Diāo" shì yì zhǒng dà niǎo. Zhè ge chéngyǔ de yìsi shì shuō yí ge rén hěn yǒu běnshi, yòng yì zhī jiàn kěyǐ tóngshí shè xiàlai liǎng zhī dà niǎo.

Zài Zhōngguó Nán-Běi Cháo de shíhou, yǒu yí ge rén, jiào Zhǎngsūn Shèng, tā suīrán shū dú de bù duō, dànshì wǔyì gāoqiáng, yóuqí huì shè jiàn. Huángdì pài tā chūshǐ Tūjuéguó.

Tūjué de guówáng Shè Tú zhīdào Zhǎngsūn Shèng de běnlǐng hěn hǎo, fēicháng shǎngshí tā, cháng yāo tā yìqǐ qù qí mǎ dǎliè. Yǒu yì tiān tāmen yòu shuàilǐng dàduì rénmǎ qù dǎliè. Tāmen dàole sēnlín yǐhòu, méi kànjiàn yǒu shénme yěshòu, hěn shīwàng.

Zhèngzài zhè shíhou, hūrán tīngjiàn tiānshang yí zhèn diāo jiào de shēngyīn. Shè Tú tāi tóu yí kàn, yuánlái shì liǎng zhī dà diāo zài qiǎng yí kuài ròu chī. Shè Tú hěn gāoxìng, jiù gěi Zhǎngsūn Shèng liǎng zhī jiàn, jiào tā shè diāo.

Zhǎngsūn Shèng ná qǐ jiàn, "xiū" de yì shēng, liǎng zhī diāo jiù diào xiàlai le.

Dàjiā dōu qíshēng jiàohǎo, shuō Zhǎngsūn Shèng zhēn liǎobuqǐ, yì zhī jiàn yí cì néng shè xiàlai liǎng zhī diāo.

Yīnwèi zhè ge gùshi, hòudài jiù yòng "yíjiàn-shuāngdiāo" huòzhě "yìjǔ-liǎngdé", xíngróng zuò yí jiàn shì, kěyǐ dádào liǎng ge mùdì.

1. 雕	雕	diāo	hawk
2. 箭	箭	jiàn	arrow
3. 射	射	shè	shoot
4. 南北朝	南北朝	Nán-Běi Cháo	the Northern and Southern Dynasties (420 – 589 A.D.)
5. 长孙晟	長孫晟	Zhǎngsūn Shèng	*a person's name*
6. 武艺	武藝	wǔyì	skill in martial arts
7. 高强	高强	gāoqiáng	excel in, be master of
8. 尤其	尤其	yóuqí	especially, particularly
9. 射箭	射箭	shè jiàn	shoot an arrow
10. 皇帝	皇帝	huángdì	emperor
11. 出使	出使	chūshǐ	serve as an envoy abroad, be sent on a diplomatic mission
12. 突厥	突厥	Tūjué	Tujue (Turk), *a nationality in ancient China*
13. 摄图	攝圖	Shè Tú	*King of Turks*
14. 本领	本領	běnlǐng	skill, ability, capability
15. 赏识	賞識	shǎngshí	recognize the worth of
16. 邀	邀	yāo	invite, request
17. 打猎	打獵	dǎliè	go hunting
18. 率领	率領	shuàilǐng	lead, head, command
19. 森林	森林	sēnlín	forest
20. 野兽	野獸	yěshòu	wild beast, wild animal
21. 咻	咻	xiū	*onom. the sound of a flying arrow*
22. 齐声	齊聲	qíshēng	in chorus, in unison
23. 叫好	叫好	jiàohǎo	applaud, shout "Well done!"
24. 了不起	了不起	liǎobuqǐ	amazing, terrific
25. 一举两得	一舉兩得	yìjǔ-liǎngdé	kill two birds with one stone

109

---練习/練習---

（一）请回答下面的问题：

　　請回答下面的問題：

　　（1）长孙晟是一个什么样的人？

　　　　長孫晟是一個甚麼樣的人？

　　（2）长孙晟为什么到突厥去？

　　　　長孫晟為甚麼到突厥去？

　　（3）摄图王常跟长孙晟一块儿做什么？

　　　　攝圖王常跟長孫晟一塊兒做甚麼？

　　（4）摄图王看见天空中有两只大雕，就做什么？

　　　　攝圖王看見天空中有兩隻大雕，就做甚麼？

　　（5）大家为什么给长孙晟叫好？

　　　　大家為甚麼給長孫晟叫好？

（二）造句：

　　造句：

　　（1）一举两得：

　　　　一舉兩得：

　　（2）赏识：

　　　　賞識：

　　（3）失望：

　　　　失望：

110

15

天 花 乱 坠

天 花 亂 墜

Tiānhuā-luànzhuì

Flowers cascade from the sky —
an extravagant colorful description of something

"天花"是天上的花,"乱坠"是纷纷掉下来的意思。

"天花乱坠"这个成语的来源跟佛教有关系。佛教是在印度开始的,东汉初年传到了中国。到南北朝的时候,已经非常盛行了,从皇帝到老百姓都信佛教。

佛教徒为了使民众相信佛经,编造了许多神话故事讲给民众听,来感动他们。其中有一个神话说:有一个叫云光的法师,讲经讲得特别动听,他讲的道感动了上天,所以就有各色各样的香花从天上降落下来,在空中飞舞。

"天花乱坠"就是形容这个云光很会讲佛经。

"天花"是天上的花,"亂墜"是紛紛掉下來的意思。

　　"天花亂墜"這個成語的來源跟佛教有關係。佛教是在<u>印度</u>開始的,<u>東漢</u>初年傳到了<u>中國</u>。到南北朝的時候,已經非常盛行了,從皇帝到老百姓都信佛教。

　　佛教徒為了使民眾相信佛經,編造了許多神話故事講給民眾聽,來感動他們。其中有一個神話説:有一個叫<u>雲光</u>的法師,講經講得特別動聽,他講的道感動了上天,所以就有各色各樣的香花從天上降落下來,在空中飛舞。

　　"天花亂墜"就是形容這個<u>雲光</u>很會講佛經。

后来佛教分成了很多宗派。禅宗这一派对后世的影响最深。禅宗的道原和尚,提倡对佛法的真正领会,反对只是说得好听。他跟教徒说:"如果不讲佛教的真正意义,把佛教说得天花乱坠,那就离佛法太远了,也就是邪说了。"

所以后来又用"天花乱坠"这个成语形容一个人话说得好听,但是有时候,说的话不太可靠。

成语用法举例:
别听那个人说得天花乱坠了。到时候什么都不会实现,只是空话而已。

後來佛教分成了很多宗派。禪宗這一派對後世的影響最深。禪宗的道原和尚,提倡對佛法的真正領會,反對只是說得好聽。他跟教徒說:"如果不講佛教的真正意義,把佛教說得天花亂墜,那就離佛法太遠了,也就是邪說了。"

所以後來又用"天花亂墜"這個成語形容一個人話說得好聽,但是有時候,說的話不太可靠。

成語用法舉例:
別聽那個人說得天花亂墜了。到時候甚麼都不會實現,只是空話而已。

Tiānhuā-luànzhuì

"Tiān huā" shì tiānshang de huā, "luàn zhuì" shì fēnfēn diào xiàlai de yìsi.

"Tiānhuā-luànzhuì" zhè ge chéngyǔ de láiyuán gēn Fójiào yǒu guānxi. Fójiào shì zài Yìndù kāishǐ de, Dōng Hàn chūnián chuán dàole Zhōngguó. Dào Nán-Běi Cháo de shíhou, yǐjing fēicháng shèngxíng le, cóng huángdì dào lǎobǎixìng dōu xìn Fójiào.

Fójiàotú wèile shǐ mínzhòng gèng xiāngxìn Fójīng, biānzàole xǔduō shénhuà gùshi jiǎng gěi mínzhòng tīng, lái gǎndòng tāmen. Qízhōng yǒu yí ge shénhuà shuō: Yǒu yí ge jiào Yúnguāng de fǎshī, jiǎng jīng jiǎng de tèbié dǒngtīng, tā jiǎng de dào gǎndòng le shàngtiān, suǒyǐ jiù yǒu gèsè-gèyàng de xiānghuā cóng tiānshang jiàngluò xiàlai, zài kōngzhōng fēiwǔ.

"Tiānhuā-luànzhuì" jiù shì xíngróng zhè ge Yúnguāng hěn huì jiǎng Fójīng.

Hòulái Fójiào fēn chéngle hěn duō zōngpài. Chánzōng zhè yí pài duì hòushì de yǐngxiǎng zuì shēn. Chánzōng de Dàoyuán héshang, tíchàng duì Fófǎ de zhēnzhèng lǐnghuì, fǎnduì zhǐshì shuō de hǎotīng. Tā gēn jiàotú shuō: "Rúguǒ bù jiǎng Fójiào de zhēnzhèng yìyì, bǎ Fójiào shuō de tiānhuā-luàn zhuì, nǎ jiù lí Fófǎ tài yuǎn le, yě jiù shì xiéshuō le."

Suǒyǐ hòulái yòu yòng "tiānhuā-luànzhuì" zhè ge chéngyǔ xíngróng yí ge rén huà shuō de hǎotīng, dànshì yǒushíhou, shuō de huà bú tài kěkào.

生词注解/生詞註解

1. 纷纷	紛紛	fēnfēn	one after another, in succession
2. 佛教	佛教	Fójiào	Buddhism
3. 印度	印度	Yìndù	Indian
4. 东汉	東漢	Dōng Hàn	the Eastern Han Dynasty (25 – 220 A.D.).
5. 传到	傳到	chuándào	disseminate, propagate, spread
6. 盛行	盛行	shèngxíng	be current, rife, rampant
7. 徒	徒	tú	follower, believer in a religion
8. 民众	民衆	mínzhòng	the masses of the people
9. 编造	編造	biānzào	fabricate, make up
10. 神话	神話	shénhuà	mythology, myth
11. 上天	上天	shàngtiān	heaven
12. 动听	動聽	dòngtīng	fascinating to listen to
13. 各色各样	各色各樣	gèsè-gèyàng	all kinds of
14. 香花	香花	xiānghuā	fragrant flower
15. 降落	降落	jiàngluò	descend, fall
16. 飞舞	飛舞	fēiwǔ	dance in the air, flutter
17. 宗派	宗派	zōngpài	faction, sect
18. 禅宗	禪宗	Chánzōng	the Chan sect, Zen
19. 影响	影響	yǐngxiǎng	influence, affect
20. 和尚	和尚	héshang	Buddhist monk
21. 提倡	提倡	tíchàng	advocate, promote
22. 佛法	佛法	fófǎ	Buddha dharma, Buddhist doctrine
23. 领会	領會	lǐnghuì	understand, comprehend
24. 邪说	邪説	xiéshuō	heretical theory, fallacy

(一)填空:

填空:

(1)"天花乱坠"这个成语的_____跟_____教_____关。

"天花亂墜"這個成語的_____跟_____教_____關。

(2)佛教是在印度 _____,东汉初年_____了中国。

佛教是在印度 _____,東漢初年_____了中國。

(3)佛教徒为了_____民众相信佛教,就_____了许多神话。

佛教徒為了_____民眾相信佛教,就_____了許多神話。

(4)讲道能_____天上掉_____香花吗?

講道能_____天上掉_____香花嗎?

(5)如果不懂佛教的_____意义,把佛教说得_____,那就是邪
说了。

如果不懂佛教的_____意義,把佛教說得_____,那就是邪
說了。

(二)造句:

造句:

(1)盛行:

盛行:

(2)动听:

動聽:

(3)对……影响:

對……影響:

(4)提倡:

提倡:

118

复习/複習

请把合适的成语填在下面句子的空格里：
請把合適的成語填在下面句子的空格裡：

1. 到外国去旅行,不但可以游山玩水,还可以了解外国的风俗习惯,真
   是_____啊!
   到外國去旅行,不但可以遊山玩水,還可以了解外國的風俗習慣,真
   是_____啊!

2. 这次考试考得不好,没有关系,赶快准备下次的考试,
   _____,还来得及。
   這次考試考得不好,沒有關係,趕快準備下次的考試,
   _____,還來得及。

3. 中国不能完全模仿西方的制度,中西文化背景不同,如果盲目地模仿
   就是_____了。
   中國不能完全模仿西方的制度,中西文化背景不同,如果盲目地模仿
   就是_____了。

4. 竞选的时候,竞选的人都说得_____。选上了以后就忘了他们
   说的话了。
   競選的時候,競選的人都說得_____。選上了以後就忘了他
   們說的話了。

5. 小王今天跟这个人好,明天跟那个人好,怎么能跟这样_____
   的人结婚呢?
   小王今天跟這個人好,明天跟那個人好,怎麼能跟這樣_____
   的人結婚呢?

6. _____只是一个神话,谁能把山移走呢?那只是叫我们学习
   那种不怕困难、努力做事的精神。
   _____只是一個神話,誰能把山移走呢?那只是叫我們學習那
   種不怕困難、努力做事的精神。

7. 有人担心月亮会掉下来,这真是＿＿＿＿＿＿。

有人擔心月亮會掉下來,這真是＿＿＿＿＿＿。

8. 他对宗教完全不懂。你跟他说佛教的大道理,这不是跟＿＿＿＿＿＿一样吗?

他對宗教完全不懂。你跟他說佛教的大道理,這不是跟＿＿＿＿＿＿一樣嗎?

9. 你上次说上女校最好,可以培养女生的自信心,将来在社会上可以跟男人竞争;今天又说男女合校最好,在学校的时候,就可以学习怎样跟男人竞争。简直是＿＿＿＿＿＿。

你上次说上女校最好,可以培養女生的自信心,将来在社會上可以跟男人競争;今天又说男女合校最好,在學校的時候,就可以學習怎樣跟男人競争。簡直是＿＿＿＿＿＿。

10. 我们已经会看汉字了,为什么还把汉字旁边加上拼音,这不是＿＿＿＿＿＿吗? 真没有这个必要。

我們已經會看漢字了,為甚麽還把漢字旁邊加上拼音,這不是＿＿＿＿＿＿嗎? 真沒有這個必要。

11. 算了吧,别生气了。虽然这次你开快车,警察罚了你五十块钱,你以后开车小心,不出事,就是＿＿＿＿＿＿。

算了吧,别生氣了。雖然這次你開快車,警察罰了你五十塊錢,你以後開車小心,不出事,就是＿＿＿＿＿＿。

12. 今天时间不够,这次的展览会我只能马马虎虎＿＿＿＿＿＿地看一看。明天有工夫再仔细看。

今天時間不夠,這次的展覽會我只能馬馬虎虎＿＿＿＿＿＿地看一看。明天有工夫再仔細看。

13. 孩子太小,别给他那么大的压力。你听说过一个＿＿＿＿＿＿的故事吗? 别着急,慢慢地教导他。

孩子太小,别給他那麽大的壓力。你聽说過一個＿＿＿＿＿＿的故事嗎? 别著急,慢慢地教導他。

14. ＿＿＿＿＿＿这个成语故事,虽然说那个农夫很愚蠢,但是我们有时候也会像他一样,不认真学习,可是想得到好的成绩。

＿＿＿＿＿＿這個成語故事,雖然说那個農夫很愚蠢,但是我們有時

120

候也會像他一樣,不認真學習,可是想得到好的成績。

15. 你做错了事就赶快承认,想＿＿＿＿＿＿＿不让别人知道是不可能的。

    你做錯了事就趕快承認,想＿＿＿＿＿＿＿不讓別人知道是不可能的。

16. 这首诗,我给他讲了好几遍了,他还不懂,真是＿＿＿＿＿＿＿。

    這首詩,我給他講了好幾遍了,他還不懂,真是＿＿＿＿＿＿＿。

17. 他这次来中国,不但学好了汉语,还娶了一位漂亮的中国妻子,真是
    ＿＿＿＿＿＿＿啊!

    他這次來中國,不但學好了漢語,還娶了一位漂亮的中國妻子,真是
    ＿＿＿＿＿＿＿啊!

18. A:东西都被人偷走了,还买什么保险。

    B:＿＿＿＿＿＿你忘了＿＿＿＿＿＿＿的故事吗?

    A:東西都被人偷走了,還買甚麼保險。

    B:＿＿＿＿＿＿你忘了＿＿＿＿＿＿＿的故事嗎?

19. 这本书你应该仔细地读,＿＿＿＿＿＿＿地看一遍是领会不到其中的道
    理的。

    這本書你應該仔細地讀,＿＿＿＿＿＿＿地看一遍是領會不到其中的道
    理的。

20. 别听他说得＿＿＿＿＿＿＿,他的话最不可靠了。

    別聽他說得＿＿＿＿＿＿＿,他的話最不可靠了。

21. 林小姐想减肥,每天只吃一顿饭,可是不停地吃零食,这真是
    ＿＿＿＿＿＿＿,自己骗自己。

    林小姐想減肥,每天只吃一頓飯,可是不停地吃零食,這真是
    ＿＿＿＿＿＿＿,自己騙自己。

22. 张小姐没赶上九点钟那班的飞机,很失望。没想到那班飞机出事了。
    真是＿＿＿＿＿＿＿。

    張小姐沒趕上九點鐘那班的飛機,很失望。沒想到那班飛機出事了。
    真是＿＿＿＿＿＿＿。

23. 广告上把那种药说得＿＿＿＿＿＿＿,什么病都可以治。我真不相信能
    有这种万能的药。

    廣告上把那種藥說得＿＿＿＿＿＿＿,甚麼病都可以治。我真不相信能

有這種萬能的藥。

24. 金先生中了奖以后,就把工作辞了,整天在家等着下次再中奖。这不
    是跟农夫_____一样吗?
    金先生中了獎以後,就把工作辭了,整天在家等着下次再中獎。這不
    是跟農夫_____一樣嗎?

25. 一个_____,今天说这样,明天说那样的人是绝对不可靠的。
    一個_____,今天說這樣,明天說那樣的人是絕對不可靠的。

成语出处/成語出處

1. 揠苗助长/揠苗助長

《孟子·公孙丑上》:宋人有闵其苗之不长而揠之者,芒芒然归,谓其人曰:
"今日病矣! 予助苗长矣!"其子趋而往视之,苗则槁矣! 天下之不助苗长者寡
矣。以为无益而舍之者,不耘苗者也。助之长者,揠苗者也;非徒无益,而又
害之。

《孟子·公孫丑上》:宋人有閔其苗之不長而揠之者,芒芒然歸,謂其人曰:
"今日病矣! 予助苗長矣!"其子趨而往視之,苗則槁矣! 天下之不助苗長者寡
矣。以為無益而舍之者,不耘苗者也。助之長者,揠苗者也;非徒無益,而又
害之。

2. 掩耳盗铃/掩耳盜鈴

《吕氏春秋·自知》:范氏之亡也,百姓有得钟者,欲负而走,则钟大不可负;
以椎毁之,钟况然有音。恐人闻之而夺已也,遽掩其耳。

《呂氏春秋·自知》:範氏之亡也,百姓有得鐘者,欲負而走,則鐘大不可負;
以椎毀之,鐘況然有音。恐人聞之而奪已也,遽掩其耳。

3. 亡羊补牢/亡羊補牢

《战国策·楚策四》:臣闻鄙语曰:"见兔而顾犬,未为晚也;亡羊而补牢,未
为迟也。"

《戰國策·楚策四》:臣聞鄙語曰:"見兔而顧犬,未為晚也;亡羊而補牢,未
為遲也。"

4. 守株待兔/守株待兔

《韩非子·五蠹》:圣人不期修古,不法常可,论世之事,因为之备。宋人有

耕者,田中有株,兔走触株,折颈而死;因释其耒而守株,冀复得兔。兔不可复得,而身为宋国笑。今欲以先王之政,治当世之民,皆守株之类也。

《韩非子·五蠹》:聖人不期修古,不法常可,論世之事,因為之備。宋人有耕者,田中有株,兔走觸株,折頸而死;因釋其耒而守株,冀復得兔。兔不可復得,而身為宋國笑。今欲以先王之政,治當世之民,皆守株之類也。

5. 朝三暮四/朝三暮四

《列子·黄帝》:宋有狙公者,爱狙,养之成群。能解狙之意,狙亦得公之心。损其家口,充狙之欲。俄而匮焉,将限其食,恐众狙之不驯于己也,先诳之曰:"与若茅,朝三而暮四,足乎?"众狙皆起而怒。俄而曰:"与若茅,朝四而暮三,足乎?"众狙皆伏而喜。

《列子·黄帝》:宋有狙公者,愛狙,養之成群。能解狙之意,狙亦得公之心。損其家口,充狙之欲。俄而匱焉,將限其食,恐眾狙之不馴於己也,先誑之曰:"與若茅,朝三而暮四,足乎?"眾狙皆起而怒。俄而曰:"與若茅,朝四而暮三,足乎?"眾狙皆伏而喜。

6. 对牛弹琴/對牛彈琴

汉·牟融《理惑论》:公明仪为牛弹清角之操。伏食如故。非牛不闻,不合其耳矣。

漢·牟融《理惑論》:公明儀為牛彈清角之操。伏食如故。非牛不聞,不合其耳矣。

7. 杞人忧天/杞人憂天

《列子·天瑞》:杞国有人忧天地崩坠,身亡所寄废寝食者。

《列子·天瑞》:杞國有人憂天地崩墜,身亡所寄廢寢食者。

8. 画蛇添足/畫蛇添足

《战国策·齐策二》:楚有祠者,赐其舍人卮酒。舍人相谓曰:"数人饮之不

124

足,一人饮之有余。请画地为蛇,先成者饮酒。"一人蛇先成,引酒且饮,乃左手持卮,右手画蛇曰:"吾能为之足。"未成,一人之蛇成,夺其卮曰:"蛇固无足,子安能为之足?"遂饮其酒。为蛇足者终亡其酒。

《戰國策·齊策二》:楚有祠者,賜其舍人卮酒。舍人相謂曰:"數人飲之不足,一人飲之有餘。請畫地為蛇,先成者飲酒。"一人蛇先成,引酒且飲,乃左手持卮,右手畫蛇曰:"吾能為之足。"未成,一人之蛇成,奪其卮曰:"蛇固無足,子安能為之足?"遂飲其酒。為蛇足者終亡其酒。

9. 东施效颦/東施效顰

《庄子·天运》:故西施病心而颦其里,其里之丑人见而美之,归亦捧心而颦其里。其里之富人见之,坚闭门而不出;贫人见之,挈妻子而去之走。彼知颦美,而不之颦之所以美。

《莊子·天運》:故西施病心而顰其里,其里之醜人見而美之,歸亦捧心而顰其里。其里之富人見之,堅閉門而不出;貧人見之,挈妻子而去之走。彼知顰美,而不之顰之所以美。

10. 愚公移山/愚公移山

《列子·汤问》:太行、王屋二山,方七百里,高万仞,本在冀州之南,河阳之北。北山愚公者,年且九十,面山而居。惩山北之塞,出入之迂也,聚室而谋曰:"吾与汝毕力平险,指通豫南,达于汉阴,可乎?"杂然相许。

其妻献疑曰:"以君之力,曾不能损魁父之丘,如太行、王屋何?且焉置土石?"杂曰:"投诸渤海之尾,隐土之北。"遂率子孙荷担者三夫,叩石垦壤,箕畚运于渤海之尾。邻人京城氏之孀妻有遗男,始龀,跳往助之。寒暑易节,始一反焉。

河曲智叟笑而止之曰:"甚矣,汝之不惠!以残年余力,曾不能毁山之一毛,其如土石何?"北山愚公长息曰:"汝心之固,固不可彻,曾不若孀妻弱子。虽我之死,有子存焉;子又生孙,孙又有子,子又有孙,子子孙孙,无穷匮也,而山不加增,何苦而不平?"河曲智叟亡以应。

操蛇之神闻之,惧其不已也,告之于帝。帝感其诚,命夸蛾氏二子负二山,一厝朔东,一厝雍南。自此,冀之南,汉之阴,无陇断焉。

《列子·湯問》：太行、王屋二山，方七百里，高萬仞，本在冀州之南，河陽之北。北山愚公者，年且九十，面山而居。懲山北之塞，出入之迂也，聚室而謀曰："吾與汝畢力平險，指通豫南，達於漢陰，可乎？"雜然相許。

其妻獻疑曰："以君之力，曾不能損魁父之丘，如太行、王屋何？且焉置土石？"雜曰："投諸渤海之尾，隱土之北。"遂率子孫荷擔者三夫，叩石墾壤，箕畚運於渤海之尾。鄰人京城氏之孀妻有遺男，始齔，跳往助之。寒暑易節，始一反焉。

河曲智叟笑而止之曰："甚矣，汝之不惠！以殘年餘力，曾不能毀山之一毛，其如土石何？"北山愚公長息曰："汝心之固，固不可徹，曾不若孀妻弱子。雖我之死，有子存焉；子又生孫，孫又有子，子又有孫，子子孫孫，無窮匱也，而山不加增，何苦而不平？"河曲智叟亡以應。

操蛇之神聞之，懼其不已也，告之於帝。帝感其誠，命夸蛾氏二子負二山，一厝朔東，一厝雍南。自此，冀之南，漢之陰，無隴斷焉。

11. 自相矛盾/自相矛盾

《韩非子·难一》：楚人有鬻盾与矛者，誉之曰："吾盾之坚，物莫能陷也。"又誉起矛曰："吾矛之利，于物无不陷也。"或曰："以子之矛，陷子之盾，何如？"其人弗能应也。夫不可陷之盾，与无不陷之矛，不可同世而立。

《韓非子·難一》：楚人有鬻盾與矛者，譽之曰："吾盾之堅，物莫能陷也。"又譽起矛曰："吾矛之利，於物無不陷也。"或曰："以子之矛，陷子之盾，何如？"其人弗能應也。夫不可陷之盾，與無不陷之矛，不可同世而立。

12. 走马看花/走馬看花

唐·孟郊《登科后》：春风得意马蹄疾，一日看尽长安花。

唐·孟郊《登科后》：春風得意馬蹄疾，一日看盡長安花。

13. 塞翁失马/塞翁失馬

《淮南子·人间训》：近塞上之人有善术者，马无故亡而入胡，人皆吊之。其父曰："此何遽不能为福乎？"居数月，其马将胡骏马而归，人皆贺之。其父曰："此何遽不能为祸乎？"家富良马，其子好骑，堕而折其髀。人皆吊之。其父曰：

"此何遽不能为福乎?"居一年,胡人大举入塞,丁壮者引弦而战。近塞之人,死者十九,此(子)独以跛之故,父子相保。故福之为祸,祸之为福,化不可极,深不可测也。

《淮南子·人间训》:近塞上之人有善術者,馬無故亡而入胡,人皆吊之。其父曰:"此何遽不能為福乎?"居數月,其馬將胡駿馬而歸,人皆賀之。其父曰:"此何遽不能為禍乎?"家富良馬,其子好騎,墮而折起髀。人皆吊之。其父曰:"此何遽不能為福乎?"居一年,胡人大舉入塞,丁壯者引弦而戰。近塞之人,死者十九,此(子)獨以跛之故,父子相保。故福之為禍,禍之為福,化不可極,深不可測也。

14. 一箭双雕/一箭雙雕

《北史·长孙晟传》:北周遣长孙晟送千金公主去突厥与摄图完婚,摄图爱晟,每共游猎,留之竟岁。尝有二雕飞而争肉,因以箭两支与晟,请射取之。晟驰往,遇雕相攫,遂一发双贯焉。

《北史·長孫晟傳》:北周遣長孫晟送千金公主去突厥與攝圖完婚,攝圖愛晟,每共游獵,留之竟歲。嘗有二雕飛而爭肉,因以箭兩支與晟,請射取之。晟馳往,遇雕相攫,遂一發雙貫焉。

15. 天花乱坠/天花亂墜

梁·慧皎《高僧传》:梁武帝时云光法师讲经,感动上天,天花纷纷坠落。

梁·慧皎《高僧傳》:梁武帝時雲光法師講經,感動上天,天花紛紛墜落。

光盘说明

本书的设计是书与多媒体光盘配套使用以利于学生学习。作者在将本书书稿交我社前已编制好多媒体光盘。我社在本书的编辑过程中对文字作了少量的修改,因此,书中成语故事的文字与光盘中的录音稍有不同。但我们深信此光盘对学习本书效果甚大,因为光盘不但有画面使故事更加生动易懂。并有测试练习训练训练学生的听力,故本社将光盘与书一并出版,随书赠送。我社并根据书中的内容另外制作了录音带,以方便没有计算机的学生使用。

北京语言文化大学出版社
2001 年 10 月

Explanation about the CD

The design of this book is accompany the multi-media CD to benefit the learning of the students. Before the publication of the book, the author had made the multi-media CD. Thereafter, we made minimal editing changes. Therefore, the contents of the book and the audio portion of the CD are slightly different in some areas. But we truly believe that this CD has a great impact on the results of students learning from the book. The CD not only has graphics, which enables the story to be conveyed more lively and easily understood, also there is a section of listening comprehension to test student's listening ability. Therefore, we published the book and the CD as a package, and give the CD free. The publishing company has also made an audiotape based on the contents of the book, to facilitate students who do not own a computer.

Beijing Language Cultural University Press
2001 October

System Requirements
- Pentium Processor
- Windows 95/98 or Macintosh G3
- 8xCD-ROM drive or faster
- 256 color monitor or higher
- SoundBlaster
- Quick Time 3.0 for Windows
- Mouse
- Headphones or speakers

Installation
- Insert the CD in the CD-ROM drive and then run the installation program on the CD.
- To run the program, make sure the CD is in the CD-ROM drive, then install the QUICK TIME, and then double-click the desktop CD icon.

Learning Through Listening:

An Introduction to Chinese Proverbs and Their Origins
听故事　学成语

Version 1.1
produced by Dr. Jingheng Sheng Ma
Wellesley College
Funded by Elizabeth and Rowe Hoffman
Copyright © 2002
ISBN 7-89998-531-5/H · 042